# 经济法基础
## （第五版）　习题集

编 著　马淑芳　王 靖
参 编　王 硕

华东师范大学出版社
·上海·

**图书在版编目（CIP）数据**

经济法基础·习题集／马淑芳，王靖编著. —5 版
.—上海：华东师范大学出版社，2019
ISBN 978－7－5675－9295－7

Ⅰ.①经… Ⅱ.①马… ②王… Ⅲ.①经济法－中国
－中等专业学校－习题集 Ⅳ.①D922.29－44

中国版本图书馆 CIP 数据核字（2019）第 141947 号

# 经济法基础
## 习题集（第五版）

职业教育财经商贸类专业教学用书

编　　著　马淑芳　王　靖
项目编辑　何　晶
审读编辑　何　晶
责任校对　王建芳
装帧设计　庄玉侠

出版发行　华东师范大学出版社
社　　址　上海市中山北路 3663 号　邮编 200062
网　　址　www.ecnupress.com.cn
电　　话　021－60821666　行政传真 021－62572105
客服电话　021－62865537　门市（邮购）电话 021－62869887
地　　址　上海市中山北路 3663 号华东师范大学校内先锋路口
网　　店　http://hdsdcbs.tmall.com

印　刷　者　启东市人民印刷有限公司
开　　本　787 毫米×1092 毫米　1/16
印　　张　5
字　　数　112 千字
版　　次　2019 年 8 月第 5 版
印　　次　2024 年 12 月第 8 次
书　　号　ISBN 978－7－5675－9295－7
定　　价　14.00 元

出版人　王　焰

（如发现本版图书有印订质量问题，请寄回本社客服中心调换或电话 021－62865537 联系）

# 前　言（第五版）

　　本书是《经济法基础（第五版）》的配套用书。本书内容紧扣教材，按照教材的章节设计了同步练习题和精选典型习题，以基础训练和综合应用为基础，以提高学生的相关专业法律知识素养为目的，帮助学生切实掌握课程内容，让学生学会运用经济法律、法规来处理、解决经济活动中的实际问题，从而达到知法、守法、用法的目的。

　　本书所选习题的题型包括判断题、单项选择题、多项选择题、案例分析题、实训题、复习思考题等。题量上避免题海战术，以测试学生对相关知识的掌握程度为目的。每章的练习题基本上覆盖了该章的重点和难点，便于学生全面、系统地理解和掌握教材的内容。

　　本书由马淑芳、王靖编著。为确保本书的质量，编写组特组织了在全国部分高校及中高职学校长期从事经济法学科教学与研究工作的教师共同参与修订与编写。各章参编人员分工如下：无锡商业职业技术学院王靖编写了第一章、第五章、第六章，无锡商业职业技术学院马淑芳编写了第二章、第三章、第十章，四川建筑职业技术学院汪婧编写了第四章、第八章，陕西警官职业技术学院冯梅编写了第七章，无锡太湖学院王硕编写了第九章。

　　本书在编写过程中，参考了大量的报刊书籍资料，谨向原作者表示谢意！由于编者水平有限，加之时间仓促，书中不足之处在所难免，敬请同行及读者不吝赐教，以便再版时修订。

编　者

2019 年 7 月

# 目　录

MULU

# 第一章　经济法概论

**一、判断题**（请将判断的结果填入括号内,正确的打"√",错误的打"×"）

（　　）1. 凡是在我国经济活动中发生的法律问题都是经济法的范畴。

（　　）2. 法律事实可以分为法律事件和法律行为两大类。

（　　）3. 经济法律关系的客体包括物、经济行为、智力成果和劳动成果。

（　　）4. 法人财产权是指企业法人对企业所有权投资所设企业的全部财产在经营中所享有的占有、使用、收益和处分的权利。

（　　）5. 法人和公民的民事权利能力和民事行为能力是一样的。

（　　）6. 16 周岁以上的未成年人,以自己的劳动收入为主要生活来源的,视为完全民事行为能力人。

（　　）7. 10 周岁以下的未成年人为无限制民事行为能力人。

（　　）8. 只有达到法定责任年龄、具有责任能力的自然人,以及法人和其他社会组织,才能构成违法主体。

（　　）9. 地震属于经济法律事实中的事件。

（　　）10. 法是统治阶级全部意志的体现。

**二、单项选择题**

（　　）1. 下列选项中,不属于经济法律关系客体的是 _____。
A. 物　　　　　　B. 行为　　　　　　C. 禁止流通物　　D. 智力成果

（　　）2. 经济法律关系是指由经济法律规范规定而形成的 _____ 关系。
A. 物质利益　　　B. 责权利　　　　　C. 权利义务　　　D. 特定经济

（　　）3. 下列选项中,属于事件性质的法律事实是 _____。
A. 设立公司　　　B. 无因管理　　　　C. 偷税　　　　　D. 水灾

（　　）4. 凡是能引起经济法律关系发生变更和消灭的客观行为在经济法中被称为 _____。
A. 法律规定　　　B. 法律行为　　　　C. 法律变动　　　D. 法律事实

（　　）5. 下列各项中不属于我国经济法律关系客体的是 _____。
A. 物　　　　　　B. 行为　　　　　　C. 土地所有权　　D. 智力成果

（　　）6. 下列关于法的本质与特征的表述中,不正确的是 _____。
A. 法是确定人们在社会关系中的权利和义务的行为规范
B. 法体现统治阶级每一个成员的意志
C. 法由统治阶级的物质生活条件所决定
D. 法具有明确公开性和普遍约束性

（　　）7. 下列选项所列的法律关系客体中,属于非物质财富的是 _____。
A. 土地　　　　　B. 实用新型　　　　C. 人民币　　　　D. 天然气

（　　）8. 经济法律关系最主要的参加者是 _____。
A. 企业　　　　　B. 国家　　　　　　C. 公民　　　　　D. 国家机关

（　　）9. 下列各项中,不属于经济法律关系客体的是 _____ 。

    A. 空气　　　　　　　　　　　　B. 消费资料

    C. 完成一定工作的行为　　　　　　D. 商标

（　　）10. 社会主义法制的基本要求是 _____ 。

    A. 以事实为根据,以法律为准绳

    B. 公民在法律面前人人平等

    C. 实事求是,有错必纠

    D. 有法可依,有法必依,执法必严,违法必究

## 三、多项选择题（请将2个或2个以上的答案填入对应的括号内）

（　　）1. 下列各项中,属于经济法律关系主体的有 _____ 。

    A. 国家管理机关　　　　　　　　　B. 社会团体

    C. 公司内部组织　　　　　　　　　D. 个体工商户

    E. 自然人

（　　）2. 下列各项中,属于经济法律关系客体的有 _____ 。

    A. 经济管理行为　　　　　　　　　B. 自然灾害

    C. 智力成果　　　　　　　　　　　D. 战争

（　　）3. 经济法律责任的形式包括 _____ 。

    A. 民事责任　　　　　　　　　　　B. 行政责任

    C. 刑事责任　　　　　　　　　　　D. 举证责任

（　　）4. 一般侵权民事责任的构成要件包括 _____ 。

    A. 行为具有违法性

    B. 行为人主观上有过错

    C. 损害事实存在

    D. 违法行为与损害事实之间存在因果关系

（　　）5. 民事责任的免责事由主要有 _____ 等。

    A. 不可抗力　　　　　　　　　　　B. 正当防卫

    C. 紧急避险　　　　　　　　　　　D. 受害人的过错

（　　）6. 下列关于自然人民事行为能力与权利能力的表述中,正确的是 _____ 。

    A. 自然人民事行为能力是指个人能够参加某种法律关系、依法享有一定权利和承担一定义务的法律资格

    B. 自然人具有行为能力必须首先具有权利能力

    C. 自然人具有权利能力并不必然具有行为能力

    D. 自然人民事行为能力划分为完全行为能力、限制行为能力和无行为能力

（　　）7. 下列法律事实中,不属于法律事件的是 _____ 。

    A. 买卖房屋　　　　　　　　　　　B. 订立遗嘱

    C. 重大政策的改变　　　　　　　　D. 租赁设备

（　　）8. 经济法律关系的内容包括 _____ 。

    A. 经济权利　　　B. 经济行为　　　C. 经济义务　　　D. 经济关系

( 　　) 9. 下列各项中,属于经济法律关系的有 _____ 。
　　　A. 消费者因商品质量问题与商家发生的赔偿与被赔偿关系
　　　B. 工商局局长与其干部发生的领导与被领导关系
　　　C. 母公司与子公司之间发生的经济关系
　　　D. 税务机关与纳税人之间发生的征纳关系

( 　　)10. 经济法律关系的客体包括 _____ 。
　　　A. 物　　　　　　B. 行为　　　　　　C. 智力成果　　　　　　D. 血液

## 四、案例分析题

1. 甲科研单位与乙公司之间签订了买卖合同,向乙公司转让其专门为该公司研发制造的一台仪器。但由于在合同履行前发生了地震,甲科研单位办公楼倒塌导致仪器被毁坏,不能按期履行合同。乙公司据此解除了双方的买卖合同。

**请　问:**

引起双方经济法律关系终止的法律事实是什么?

2. 2017 年 10 月 17 日,某村(原告)与某县供销合作社(被告)签订预购白菜合同规定:原告提供白菜 170 万斤,每百斤定价 1.70 元。合同签订后有效。

**请　问:**

(1) 本案中当事人所形成的关系,属于哪一种经济法律关系?说出理由。

(2) 如何界定该经济法律关系的要素?

3. 甲国家机关为举办会议需要向乙单位租借礼堂,双方为此签订了租借合同。但在会议原定举行日,乙单位因未能腾出礼堂供甲国家机关使用,致使会议不能如期举行。甲国家机关据此解除了与乙单位的租借合同。

**请　问:**

引起双方经济法律关系终止的法律事实是什么?

4. 甲国有企业将某项生产任务承包给其内部的乙车间来完成,双方为此签订了承包责任书,约定乙车间可以使用甲企业的机器设备及原材料,但必须在规定期限内完成该项生产任务等事宜。

**请　问:**

在甲国有企业与乙车间之间是否形成了经济法律关系? 如果形成了经济法律关系,请指出该经济法律关系的主体、内容和客体。

## 五、实训题

**实训一:**

在老师的组织下,亲自参加(或间接参加)一项经济法律活动,并分析指出经济法律关系的主体、客体、内容是什么。

**实训二:**

赵某和黄某是某大学三年级的同班同学,一天两人因小事发生冲突,赵某约黄某到学校外面"单挑"。黄某毫不犹豫地答应,同时两人还签订了"生死合同",双方"单挑"时任何一方受伤都不能追究对方责任。随后,赵某和黄某就按约定的时间到校外偏僻的地方打斗起来,结果黄某脾脏被打裂,回到宿舍后疼痛难忍,被老师和同学及时送到医院抢救脱险才保住了性命。

请讨论下列问题:

(1)如何评价赵某和黄某两人签订的"生死合同"?

（2）赵某应承担什么法律责任？

## 六、复习思考题

1. 什么是经济法？经济法的调整对象有哪些？

2. 什么是经济法律关系？它由哪些要素构成？其主体资格的范围包括那些？

3. 什么是经济法律责任？其法律责任的形式有几种？

4. 经济法律关系产生、变更和终止的条件是什么？什么是法律事实？它可作哪些分类？

# 第二章　公司法律制度

**一、判断题**（请将判断的结果填入括号内，正确的打"√"，错误的打"×"）

（　　）1. 分公司和子公司都是具有独立地位的法人。

（　　）2. 我国《公司法》规定有限责任公司和股份有限公司的法定代表人只能是董事长。

（　　）3. 有限责任公司的股东可以用货币出资，也可以用实物、知识产权、土地使用权等可用货币估价并可依法转让的非货币财产作价出资；但是全体股东的货币出资金额不得低于有限责任公司注册资本的30%。

（　　）4. 股份有限公司的发起人、认股人缴纳股款或者交付抵作股款的出资后，经董事会同意可以抽回其股本。

（　　）5. 股东大会对公司合并、分立、解散或修改公司章程等事项作出决议，必须经出席会议的股东所持表决权的2/3以上通过。

（　　）6. 根据《公司法》的规定，子公司与分公司的最大区别在于是否具有企业法人资格。

（　　）7. 我国《公司法》确认了公司的两种形式，即有限责任公司和无限责任公司。

（　　）8. 以募集设立方式设立股份有限公司的，发起人认购的股份不得少于公司股份总数的50%，其余股份应当向社会公开募集。

（　　）9. 股份有限公司的设立，可以采取发起设立或募集设立的方式。

（　　）10. 我国《公司法》规定，公司合并方式为吸收合并和新设合并方式。

## 二、单项选择题

（　　）1. 根据我国《公司法》的规定，下列各项中，属于有限责任公司董事会行使的职权的是_____。

  A. 决定减少注册资本     B. 聘任或解聘公司经理

  C. 聘任和解聘董事      D. 修改公司章程

（　　）2. 某有限责任公司召开股东会，决议与其他公司进行合并，该决议必须经_____。

  A. 代表2/3以上表决权的股东表决同意

  B. 出席会议的2/3股东一致同意

  C. 出席会议的全体股东一致同意

  D. 代表1/2以上表决权的股东表决同意

（　　）3. 2017年6月，甲、乙、丙共同出资设立了A有限责任公司。2018年2月，丙与丁达成协议，将其在A公司的股权全部转让给丁，甲、乙均不同意。下列选项所列的解决方案中，不符合《中华人民共和国公司法》规定的是_____。

  A. 由甲或乙购买丙的股权

  B. 由甲和乙共同购买丙的股权

  C. 如果甲、乙均不愿购买，丙无权将股权转让给丁

  D. 如果甲、乙均不愿购买，丙有权将股权转让给丁

（　　）4. 甲、乙、丙于2015年3月出资设立东海有限责任公司。2016年4月，该公司又吸收丁入股。2017年10月，该公司因经营不善造成严重亏损，拖欠巨额债务，被依

法宣告破产。人民法院在清算中查明：甲在公司设立时作为出资的房产，其实际价额明显低于公司章程所定价额；甲的个人财产不足以抵偿其应出资额与实际出资额的差额。按照我国《公司法》的规定，对甲不足出资的行为，正确的处理方法是 _____ 。

  A. 甲以个人财产补交其差额，不足部分由乙、丙、丁补足

  B. 甲以个人财产补交其差额，不足部分由乙、丙补足

  C. 甲以个人财产补交其差额，不足部分待有财产时再补足

  D. 甲、乙、丙、丁均不承担补交该差额的责任

（ ）5. 董事、监事、高级管理人员执行公司职务时，违反法律、行政法规或者公司章程的规定，给公司造成损害的，应当 _____ 。

  A. 主动提出辞职      B. 承担行政责任

  C. 承担赔偿责任      D. 解除其职务

（ ）6. 某乳业股份有限公司 2015 年的股东大会会议由董事会召集于北京京西宾馆召开，但是董事长赵某因个人惹上官司正在法院诉讼，焦头烂额，无法出席主持；副董事长武某因为股东大会的某项决议事项可能撤换他的公司职务，故意不上班，不履行职务，请问如何处理？

  A. 由半数以上董事共同推举一名董事主持

  B. 监事会应当及时主持

  C. 连续九十日以上单独或者合计持有公司 10% 以上股份的股东可以自行召集和主持

  D. 可以诉请法院强制副董事长履行职务

（ ）7. 公司董事、高级管理人员下列行为，法律不禁止的是 _____ 。

  A. 挪用公司资金

  B. 将公司资金以其个人名义或者其他个人名义开立账户存储

  C. 按照公司章程的规定，或者经股东会、股东大会或者董事会同意，将公司资金借贷给他人或者以公司财产为他人提供担保

  D. 擅自披露公司秘密

（ ）8. 有限责任公司注册资本的最低限额为人民币 _____ 。

  A. 无限制    B. 5 万元    C. 10 万元    D. 30 万元

（ ）9. 股份有限公司应当每年召开一次股东大会，应当将会议召开的时间、地点和审议的事项于会议召开 _____ 日前通知各股东。

  A. 20     B. 30     C. 45     D. 60

（ ）10. 公司以 _____ 所在地为公司住所。

  A. 主要经营      B. 公司登记

  C. 公司主要办事机构    D. 公司章程确定的

## 三、多项选择题（请将 2 个或 2 个以上的答案填入对应的括号内）

（ ）1. 以股东对公司债务承担责任的形式为标准，公司可分为 _____ 。

  A. 股份两合公司      B. 有限责任公司

  C. 股份有限公司      D. 股份无限公司

E. 无限公司　　　　　　　　　　　　　　　　　F. 两合公司

（　　）2. 有限责任公司具有哪种特征？
　　　　A. 募股集资的封闭性　　　　　　　　B. 公司资本的等额性
　　　　C. 股东数额的限定性　　　　　　　　D. 股份转让的限制性

（　　）3. 设立公司必须依法制定公司章程,公司章程对_____具有约束力。
　　　　A. 公司　　　　　　B. 股东　　　　　　C. 董事　　　　　　D. 监事
　　　　E. 高级管理人员

（　　）4. 股份有限公司董事长可行使的职权有_____。
　　　　A. 主持股东大会和董事会会议　　　　B. 签署公司股票、债券和有关文件
　　　　C. 任免监事会的成员　　　　　　　　D. 任免公司经理、副经理

（　　）5. 公司营业执照应当载明公司的_____等事项。
　　　　A. 名称　　　　　　B. 住所　　　　　　C. 注册资本　　　　D. 实收资本
　　　　E. 经营范围　　　　F. 法定代表人姓名

（　　）6. 下列何人可以担任公司的董事？
　　　　A. 某甲,35 岁,大学文化,市文化局副科长,精力充沛,愿意在公司兼职
　　　　B. 某乙,46 岁,为人忠诚,人生坎坷,顽强刚毅,曾不惜贷款 10 万元为其身在农村患尿毒症的妻子治病,现已还清债务
　　　　C. 某丙,50 岁,高小文化,灵活但不善与人合作,1985 年曾因倒卖粮票被判刑 3 年
　　　　D. 某丁,55 岁,原某研究所高级工程师,上个月被法院经审理判决有受贿罪,判处有期徒刑 2 年,缓刑 2 年。某丁不服,申诉称其所受钱财是其劳动所得

（　　）7. 某公司董事张某家有小汽车一辆,因其家中发生变故致经济紧张,张某急需将小汽车卖掉以缓解燃眉之急,近期内其所任职公司正好急需一辆汽车,其便想把该车卖给公司。依照《公司法》的规定,对张某的这种销售行为应当如何处理？
　　　　A. 只要价格合理,该交易有效
　　　　B. 经董事会同意后可以进行
　　　　C. 经股东会同意后可以进行
　　　　D. 如公司章程上有允许的规定亦可进行

（　　）8. 根据《公司法》的规定,可以提议召开有限责任公司股东会临时会议的有_____。
　　　　A. 代表 1/10 以上表决权的股东　　　　B. 代表 2/3 以上表决权的股东
　　　　C. 1/3 以上的董事　　　　　　　　　　D. 监事

（　　）9. 根据《公司法》的规定,下列人员中,不得兼任有限责任公司监事的有_____。
　　　　A. 董事　　　　　　　　　　　　　　　B. 经理
　　　　C. 财务负责人　　　　　　　　　　　　D. 副经理

（　　）10. 下列各项中,属于有限责任公司董事会行使的职权的是_____。
　　　　A. 股东之间互相转让出资
　　　　B. 聘任公司经理并决定其报酬事项
　　　　C. 聘任公司财务部经理并决定其报酬事项
　　　　D. 制定公司的具体规章

## 四、案例分析题

1. 甲、乙均为国有企业,2018 年 5 月,两企业经过多次协商,准备设立一家股份有限公司,并达成协议:甲企业出资 250 万元,其中货币 150 万元,注册商标作价 100 万元;乙企业出资 300 万元,其中货币 100 万元,专利权作价 150 万元,劳务 50 万元。股份公司在 A 地设立具有法人资格的分公司,独立进行经营活动。股份公司设立 3 年后,双方按出资比例抽回各自出资的 30%。其他从略。

**请 问:**

(1) 发起人的人数是否符合《公司法》的规定?为什么?

(2) 该公司应采取什么方式设立?申请设立登记,应准备哪些必备文件?

(3) 该协议在内容上有哪些违法之处?为什么?

2. 某股份有限公司召开董事会议,会议决定:变更公司章程,在其经营范围中增加"房地产业"一项;决定向房地产行业投资 5 亿元。

9 名董事会成员中有 6 名同意,3 名持反对意见,并在会议记录上签字。

**请 问:**

(1) 股份公司有 9 名董事,参加会议的董事人数达到多少方可举行董事会议?董事会作出决定须经几名董事同意才能通过?

（2）变更公司章程的决定合法吗？为什么？

（3）若该股份公司在房地产行业投资中致使公司受到严重损失,董事会的成员是否应承担责任？

3. 田某和高某是某饮料股份有限公司的董事。2018 年 3 月,田、高二人又与李某合伙办了一家饮料厂,生产"清爽"牌饮料,与原饮料股份有限公司的产品"凉爽"牌饮料相差无几,口味、选料、工艺基本相同。同年 6 月,股份有限公司发现了田某和高某另办饮料厂的行为,经董事会研究决定,罢免了田某和高某的董事职务。同时,要求田某和高某将在经营饮料厂期间所得收入 20 万元交给公司。田某和高某不同意,辩称:"我厂的'清爽'牌饮料与股份公司的'凉爽'牌饮料毫不相干。我们第二职业劳动所得凭什么要交给公司?"于是董事会决定,以公司名义向法院起诉,以维护公司合法权益。

**请　问:**

（1）田某和高某的行为是否合法？为什么？

（2）董事会的行为是否合法？为什么？

（3）饮料股份公司的诉讼请求能否得到法律支持？为什么？

## 五、实训题

甄某于 2017 年 5 月担任一有限责任公司的董事长。2018 年 3 月,另一公司的经理田某找甄某借一笔资金以解燃眉之急。正好公司刚收回一笔 50 万元的货款,甄某即转给了田某,田某拿出 5 万元给甄某,甄某未敢收,遂存入公司的小金库中。该小金库是甄某伙同部分董事及监事贾某私自开立的,用于他们的各项业余开支。同年 7 月,甄某利用手中的职权帮助其弟弟的公司做成一笔木材生意,获利 10 万元,甄某存入私人账户。这一年 9 月,甄某利用董事长的权力与贾某签订了一项合同,规定公司支付贾某 2 万元的中介费,作为贾某为公司联系到一批木材生意的报酬。而实际上公司购入该批木材的价格明显高于市场价,致使公司受损 20 万元,贾某与甄某各自捞了一笔回扣。此事并未经过董事会的讨论。2019 年 3 月,股东会觉察到甄某与贾某的渎职行为,责令其停职反省。同时,组织人员进行调查,待查清事实后依照法律和公司章程进行处理。

请讨论以下问题:

(1) 本案中甄某从事了哪些违法活动?

(2) 公司对于董事、监事的违法活动可否自行处理?

## 六、复习思考题

1. 公司的概念及特征是什么？

2. 简述我国《公司法》规定的公司种类。

3. 董事、高级管理人员在法律上有哪些禁止的行为？

4. 股份有限公司设立的条件是什么？

5. 有限责任公司和股份有限公司有何区别？

# 第三章　企业法律制度

**一、判断题**(请将判断的结果填入括号内,正确的打"√",错误的打"×")

( 　 ) 1. 有限合伙企业由普通合伙人和有限合伙人组成,普通合伙人对合伙企业债务有限连带责任,有限合伙人以其认缴的出资额为限对合伙企业债务承担责任。

( 　 ) 2. 合伙协议依法由全体合伙人协商一致,以书面形式订立。

( 　 ) 3. 合伙企业领取营业执照前,合伙人不得以合伙企业名义从事合伙业务。

( 　 ) 4. 合伙人可以用货币、知识产权、土地使用权或者其他财产权利出资,但是不可以用劳务出资。

( 　 ) 5. 除合伙协议另有约定外,合伙人向合伙人以外的人转让其在合伙企业中的全部或部分财产份额时,无须经其他合伙人的一致同意。

( 　 ) 6. 外资企业包括外国企业和其他经济组织在中国境内的分支机构。

( 　 ) 7. 合作各方没有向审查机关申请批准,合作企业合同约定外方先行收回投资,投资已经收回完毕的,合作企业的期限不再延长。

( 　 ) 8. 合伙人的入伙、退伙都应经全体合伙人同意才有效。

( 　 ) 9. 合伙人死亡的,其在合伙企业中的财产份额由其合法继承人继承,并取得合伙人资格。

( 　 )10. 退伙人对其退伙后、新合伙人对其入伙前发生的合伙企业债务都不承担连带责任。

**二、单项选择题**

( 　 ) 1. 在中外合资经营企业的注册资本中,外国合营者投资的下限应是_____。
 A. 25%　　　　　 B. 30%　　　　　 C. 45%　　　　　 D. 5%

( 　 ) 2. 关于合伙人出资份额转让的说法错误的是_____。
 A. 合伙出资份额的对外转让,必须经其他合伙人的一致同意
 B. 其他合伙人享有同等条件下的优先购买权
 C. 内部转让须经合伙人的半数以上同意
 D. 内部转让只需通知其他合伙人即可,无须其同意

( 　 ) 3. 下列选项中关于有限合伙企业的说法中错误的是_____。
 A. 有限合伙企业中至少有一个普通合伙人
 B. 有限合伙人可以执行合伙事务,但不对外代表有限合伙企业
 C. 有限合伙人可以同本有限合伙企业进行交易
 D. 有限合伙企业仅剩有限合伙人的,应当解散;有限合伙企业仅剩普通合伙人的,转为普通合伙企业

( 　 ) 4. 甲、乙、丙成立一普通合伙企业,其合伙合同中约定:"合伙企业的事务由甲全权负责,乙、丙不得过问亦不承担企业亏损的民事责任。"对该约定的效力应如何认定?
 A. 约定有效,应由甲一人承担民事责任

B. 该约定无效，应由甲、乙、丙共同承担民事责任

C. 该约定部分有效，应由甲一人承担民事责任

D. 该约定部分无效，应由甲、乙、丙共同承担

（　　）5. 甲、乙、丙是某普通合伙企业的合伙人，甲的出资为高级笔记本电脑三台。在该合伙企业经营过程中，甲急于使用资金遂将笔记本电脑以较高价格出售于不知情的丁。则该买卖行为如何认定？

A. 丁将取得该笔记本电脑的所有权

B. 由于该笔记本电脑所有权已属于该合伙企业，因此该买卖合同无效

C. 只有该合伙企业事后予以追认，丁才能取得笔记本电脑的所有权

D. 该买卖行为有效，因为笔记本电脑虽然是甲对合伙企业的出资但笔记本电脑的所有权仍然属于甲，甲有权处分

（　　）6. 下列选项所列事项中，按照《合伙企业法》规定，不必经普通合伙企业全体合伙人一致同意的是 _____ 。

A. 处分合伙企业的不动产

B. 改变合伙企业名称

C. 合伙人之间转让在合伙企业中的财产份额

D. 合伙人以其在合伙企业中的财产份额出质

（　　）7. 根据《合伙企业法》的规定，下列选项提及的人员中，可以不对普通合伙企业债务承担连带责任的有 _____ 。

A. 执行合伙企业事务的合伙人

B. 不执行合伙企业事务的合伙人

C. 合伙企业债务发生后办理退伙的退伙人

D. 被聘为合伙企业的经营管理人员

（　　）8. 《合伙企业法》规定，有限合伙企业至少有 _____ 普通合伙人。

A. 1个　　　　　B. 2个　　　　　C. 3个　　　　　D. 4个

（　　）9. 下列选项中，不能作为有限合伙人出资形式的是 _____ 。

A. 实物　　　　　B. 劳务　　　　　C. 知识产权　　　　　D. 土地使用权

（　　）10. 按我国《合伙企业法》规定，不能够成为普通合伙人的是 _____ 。

A. 国有独资公司　　B. 有限责任公司　　C. 自然人　　　　D. 股份公司

## 三、多项选择题（请将2个或2个以上的答案填入对应的括号内）

（　　）1. 合伙人有下列哪种情形的，应当退伙？

A. 法律规定或者合伙协议约定合伙人必须具有相关资格而丧失该资格

B. 合伙人在合伙企业中的全部财产份额被人民法院强制执行

C. 合伙人个人出现巨额债务

D. 合伙人结婚

（　　）2. 合伙人有下列哪种情形的，经其他合伙人一致同意，可以决议将其除名？

A. 未履行出资义务

B. 因故意或者重大过失给合伙企业造成损失

C. 执行合伙事务时有不正当行为

D. 发生合伙协议约定的事由

(    ) 3. 有限合伙协议除符合《中华人民共和国合伙企业法》的有关规定外还应当载明的事项为：_____。

A. 执行事务合伙人的除名条件和更换程序

B. 有限合伙人入伙、退伙的条件、程序以及相关责任

C. 有限合伙人和普通合伙人相互转变程序

D. 合伙人家庭成员

(    ) 4. 有限合伙人有下列哪种情形的,应当退伙?

A. 合伙人在合伙企业中的全部财产份额被人民法院强制执行

B. 法律规定或者合伙协议约定合伙人必须具有的相关资格而丧失该资格

C. 作为合伙人的自然人死亡或者被依法宣告死亡

D. 个人丧失偿债能力

(    ) 5. 根据《中外合资经营企业法》,下列有关合营企业董事长产生方式的表述中哪些是正确的?

A. 合营企业的董事长既可以由中方担任,也可以由外方担任

B. 合营企业的董事长由出资最多的一方担任

C. 合营企业的董事长由一方担任的,副董事长必须由他方担任

D. 合营企业的董事长由一方担任的,总经理必须由他方担任

(    ) 6. 根据中外合资经营企业法律制度的规定,中外合资经营企业发生的下列事项中,须经审查批准机关批准的有_____。

A. 减少注册资本

B. 合营一方向他方转让部分出资额

C. 延长合营期限

D. 在国际市场上购买经营所需的重要机器设备

(    ) 7. 根据外资企业法律制度的规定,外资企业的下列事项中,必须向工商行政管理机关办理变更登记手续的有_____。

A. 将财产对外转让        B. 增加注册资本

C. 转让注册资本        D. 将财产对外抵押

(    ) 8. 按照我国《合伙企业法》的规定,下列不能成为普通合伙人的有_____。

A. 国有独资公司     B. 国有企业       C. 社会团体       D. 上市公司

(    ) 9. 个人独资企业在企业名称中可以使用的字样是_____。

A. 有限          B. 有限责任       C. 公司        D. 实业

(    )10. 根据《合伙企业法》的规定,除合伙协议另有约定外,下列选项中,应当由全体合伙人一致同意才能作出决议的是_____。

A. 修改合伙协议

B. 改变合伙企业名称

C. 合伙人之间转让其在合伙企业中的财产份额

D. 吸收新的合伙人

## 四、案例分析题

1. 甲公司是经营批发业务的有限责任公司,甲公司的主要债务人是乙公司和丙企业。乙公司是以零售业为主的有限责任公司,由张某和刘某出资设立;丙企业是由金某、肖某和姜某共同出资设立的合伙企业。甲公司一直向乙公司和丙企业催缴债务未成,1月2日,金某退出合伙企业。1月10日,甲公司再次向乙公司和丙企业要求还款。乙公司和丙企业账面上确实没有资金。于是,甲公司向张某、刘某、金某、肖某和姜某追偿。但张某、刘某认为自己只是股东,没有义务承担出资以外的债务;金某认为自己已经退出了合伙企业,不应对企业债务承担责任;肖某和姜某认为,自己应当仅就出资额为限承担责任。

**请　问:**

(1) 张某、刘某的说法正确吗?为什么?

(2) 肖某和姜某的说法是否正确?为什么?

(3) 金某的说法是否正确?为什么?

(4) 甲公司的债权如何实现?

2. 王某、周某和李某决定合伙做生意,于是登记成立大鹏汽车修理部这一无限合伙企业(普通合伙企业)。王某出资 10 万元;周某用店面出资折算为 5 万元;李某则负责经营,其劳务折算出资 5 万元。

**请 问:**

(1) 李某以劳务出资是否合法? 应经过什么程序?

(2) 若李某以自己的修车技术出资是否合法?

(3) 若李某以自己注册的"大鹏"商标出资是否合法? 如何操作?

(4) 三人约定,若有盈利,则大家平分,若有亏损,则与李某无关,其余二人平摊,是否合法? 为什么?

(5) 在合伙成立当年,王某因为生病欠下巨债,要求分割合伙企业财产,其要求是否合法? 为什么?

## 五、实训题

**实训一：**

中日两个企业,双方签署了一份合营企业合同,根据《外商投资企业法》的规定,在老师的引导下请大家指出条款中的错误:

(1)双方根据《中外合资经营企业法》以及日本法律的相关规定,同意在中国境内设立中外合资经营企业。

(2)甲乙双方对合营企业的债务承担连带无限责任。

(3)双方出资方式如下:甲方(中方)现金 200 万元,厂房折合 30 万元,场地使用权为 20 万元;乙方(日方)现金 100 万元,工业产权 100 万元,双方出资额在营业执照签发之日前一次交清。

(4)乙方从企业获利后的第二年,每年从企业利润中提取 10% 的出资额。

(5)总经理是公司的法定代表人。

(6)本合同从签字起生效,中方上级总管批准之日为企业成立之日。

(7)对本合同及其附件的修改,经甲、乙双方签署书面协议后即告生效。

**实训二：**

2016 年 1 月，赵、钱、孙、李四人决定设立合伙企业，并签订书面协议，内容如下：① 赵出资 10 万元，钱以实物折价出资 8 万元，经其他人同意孙以劳务出资 6 万元，李货币出资 4 万元；② 赵、钱、孙、李、四人按 2∶2∶1∶1 比例分配利润和承担风险；③ 由赵执行合伙企业事务，对外代表企业，但规定大于 1 万元的销售合用应经其他人同意。协议未约定经营期限。

现发生以下事实：

（1）2016 年 5 月，赵擅自以合伙企业名义与翔宇公司签订合同，翔宇公司不知道其内部限制。钱获知后，向翔宇公司表示不承认。

（2）2017 年 1 月，李提出退伙，并不给企业造成任何不利影响。2017 年 3 月，李经清算退伙。4 月新合伙人周出资 4 万元入伙。2017 年 5 月，合伙企业的债权人青田公司就合伙人李退伙前的 24 万元要求与新合伙人周共同承担连带责任。李以自己退伙为由，周以自己新入伙为由拒绝承担。

（3）赵为了改善企业的经营管理，于 2017 年 4 月独自聘任田某为合伙企业的经营管理人，并以合伙企业的名义对建光公司提供担保。

（4）2018 年 2 月，合伙人钱在与蓝天公司的买卖合同中，无法偿还到期债务 8 万元。蓝天公司于 2018 年 4 月向人民法院提起诉讼。蓝天公司胜诉，于 2018 年 5 月申请强制执行钱在合伙企业中的财产份额。

据以上事实回答下列问题：

（1）赵跟翔宇公司的合同是否有效？为什么？

（2）李的主张是否成立？为什么？如果李向青田公司偿还 24 万元，可以向哪些当事人追偿？金额多少？

（3）周的主张是否成立？为什么？

（4）赵聘用田某及为建光公司担保是否合法？为什么？

（5）合伙人钱被人民法院强制执行其份额后，合伙企业决定对其除名是否符合法律规定？为什么？

（6）李的退伙属于什么情况？其退伙应符合哪些条件？

**实训三：**

瑞典人皮尔和德国人欧夫曼依照我国现行法律的规定，各出资 30 万美元（皮尔的出资包括专有技术）在成都设立一家公司，登记的注册资本为 60 万美元。两投资人在其签订的合同和公司的章程中都规定各方以其出资额对公司债务负责。后该公司又在成都设立两家分公司。

请分析并回答下列问题：

（1）根据公司分类的一般原理，该公司应属于何种类型的公司？

（2）皮尔的出资包括专有技术，那么皮尔至少货币出资的份额应为多少？

## 六、复习思考题

1. 合伙企业有哪些特征？

2. 普通合伙企业的设立条件有哪些？

3. 哪些合伙事务的决定应经全体合伙人一致同意？

4. 中外合资经营企业有哪些法律特征？

5. 外资企业有哪些法律特征？

# 第四章　市场秩序管理法律制度

**一、判断题**(请将判断的结果填入括号内,正确的打"✓",错误的打"×")

(　　) 1. 甲期货交易所章程规定,对日交易量超过一百手的客户,可以将手续费的2%作为折加费退还给他们,并有完整的财务手续。甲交易所的行为已构成不正当竞争。

(　　) 2. 甲商场与乙公司因为货款问题产生纠纷,甲商场拒绝出售乙公司生产的产品,并对外宣称乙公司产品中含有有害身体健康的物质,所以拒绝销售,乙公司的经营因此受到严重打击。商场的行为属于限定他人购买其指定的经营者的商品的不正当竞争行为。

(　　) 3. 乙工厂为了增加自己产品销量,模仿某著名厂家甲生产的同类产品的包装,足以使消费者认为该产品是甲工厂生产的。两种产品的包装类似,足以使消费者产生混淆,故乙工厂的行为属不正当竞争行为。

(　　) 4. 不正当竞争是指经营者违反《反不正当竞争法》的规定,损害经营者的合法权益,扰乱公共秩序的行为。

(　　) 5. 甲厂获悉其竞争对手乙厂发明出了一种新型产品后,组织人员借参观的名义进入乙厂偷偷拍下该产品的照片。甲厂通过对照片进行分析制造出了与乙厂相同的机器,并投入大规模生产,给乙厂造成了巨大经济损失。乙厂向法院起诉,要求甲厂停止生产,并赔偿相应的损失。甲厂不构成不正当竞争,因为偷拍照片的技术人员并不能代表甲厂。

(　　) 6. 消费者有权根据商品或服务的不同情况,要求经营者提供商品的检验合格证明、使用方法说明书和售后服务等情况的说明。

(　　) 7. 我国《消费者权益保护法》保护一切有偿取得商品和服务、满足生产消费的物质文化消费的单位和个人。

(　　) 8. 消费者协会是依法成立的保护消费者合法权益的社会团体。在保证商品质量和服务质量的前提下,它可以从事商品经营和盈利性服务。

(　　) 9. 使用他人营业执照的违法经营者提供商品或服务,损害消费者合法权益的,消费者可以向其要求赔偿,也可以向营业执照的持有人要求赔偿。

(　　)10. 消费者在购买、使用商品时,其合法权益受到损害的,只能向销售者要求赔偿,不得向生产者要求赔偿。

**二、单项选择题**

(　　) 1. 甲欲买"全聚德"牌的快餐包装烤鸭,临上火车前误购了商标不同而外包装十分近似的显著标明名称为"仝聚德"的烤鸭,遂向"全聚德"公司投诉。"全聚德"公司发现,"仝聚德"烤鸭的价格仅为"全聚德"的1/3。如果"全聚德"起诉"仝聚德",其纠纷的性质应当是下列选项所列的哪一种?

　　A. 诋毁商誉的侵权纠纷　　　　　　　　B. 低价倾销的不正当竞争纠纷
　　C. 欺骗性交易的不正当竞争纠纷　　　　D. 企业名称侵权纠纷

（　　）2. 下列表述正确的选项为 _____。

A. 商业诋毁行为是通过误导性宣传损害竞争对手商业信誉或者商品声誉的不正当竞争行为

B. 商业诋毁行为与虚假宣传行为风马牛不相及

C. 商业诋毁行为包括虚假宣传行为

D. 商业诋毁是欺诈行为

（　　）3. 商品的名称、包装、装潢是否近似，可以根据 _____ 原则进行认定。

A. 依照使用在先的原则予以认定　　　B. 通体观察和比较主要部分原则

C. 隔离观察原则　　　　　　　　　　D. 一般购买者施以普通注意原则

（　　）4. 消费者因经营者利用虚假广告提供商品或者服务，其合法权益受到损害的，可以向 _____ 要求赔偿。

A. 广告经营者　　　　　　　　　　　B. 广告制作人

C. 经营者　　　　　　　　　　　　　D. 发布广告的媒体

（　　）5. 经营者提供商品或者服务有欺诈行为的，应当按照消费者的要求增加赔偿其受到的损失，增加赔偿的金额为消费者购买商品的价款或接受服务的费用的 _____。

A. 一倍　　　　　B. 两倍　　　　　C. 三倍　　　　　D. 四倍

（　　）6. 经营者提供商品或服务有 _____ 行为的，应当按照消费者有的要求增加赔偿其受到的损失。

A. 胁迫　　　　　　　　　　　　　　B. 欺诈

C. 侮辱、诽谤　　　　　　　　　　　D. 侵犯人身自由

（　　）7. 经营者应当保证其提供的商品或者服务符合保障人身、财产安全的要求，对 _____ 的商品，应当向消费者作出真实的说明和明确的警示，并说明和标明正确使用商品的方法和防止危害发生的方法。

A. 不合格　　　　　　　　　　　　　B. 未经检验

C. 数量不足　　　　　　　　　　　　D. 可能危及人身、财产安全

（　　）8. 某美容店向王某推荐一种"雅兰牌"护肤产品。王某对该品牌产品如此便宜表示疑惑，店家解释为店庆优惠。王某买回使用后，面部出现红肿、瘙痒，苦不堪言。质检部门认定系假冒劣质产品。王某遂向美容店索赔。对此，下列哪一选项是正确的？

A. 美容店不知道该产品为假名牌，不应承担责任

B. 美容店不是假名牌的生产者，不应承担责任

C. 王某对该产品有怀疑仍接受了服务，应承担部分责任

D. 美容店违反了保证商品和服务安全的义务，应当承担全部责任

（　　）9. 王某从商场购一电暖器，放置一年后使用时因漏水而受伤，为此花去医疗费用3000元，根据诉讼时效的规定，王某起诉获得法院支持应根据下列哪些法律法规？

A.《民法通则》　　　　　　　　　　　B.《产品质量法》

C.《合同法》　　　　　　　　　　　　D.《民法通则》或《产品质量法》

（　　）10. 根据《消费者权益保护法》规定，使用他人营业执照的违法经营者提供商品或者
服务，损害消费者合法权益的，消费者 _____。

    A. 只能向违法经营者要求损害赔偿

    B. 只能向营业执照的持有人要求损害赔偿

    C. 可以向营业执照的管理机关要求损害赔偿，因其未能有效监督和阻止营业执
照的转让行为

    D. 可以向违法经营者或者营业执照持有人要求损害赔偿

## 三、多项选择题（请将 2 个或 2 个以上的答案填入对应的括号内）

（　　）1. 下列选项表述错误的 _____。

    A. 不正当竞争是指经营者在生产经营活动中，违反法律规定，扰乱市场竞争秩
序，损害其他经营者或者消费者的合法权益的行为

    B. 经营者必须是领取营业执照、具有合法经营资格的人

    C. 反不正当竞争法中的竞争关系仅指行为人与受害人从事相同或者近似的商品
经营的关系

    D. 我国反不正当竞争法第 2 条不能作为认定新的不正当竞争行为的一般条款

（　　）2. 虚假宣传可能采取的方式包括：_____。

    A. 在商品上　　　　B. 利用广告　　　　C. 其他方式　　　　D. 利用互联网

（　　）3. 商业秘密包括：_____。

    A. 技术信息　　　　B. 经营信息　　　　C. 专利技术　　　　D. 文学作品

（　　）4. 消费者在购买、使用商品的时候，享有 _____ 的权利。

    A. 自主选择　　　　　　　　　　　B. 依法结社

    C. 公平交易　　　　　　　　　　　D. 没收经营者的不合格商品

    E. 索要购货凭证

（　　）5. 消费者在购买、使用商品和接受服务时，其享有 _____ 等得到尊重的权利。

    A. 人格尊严　　　　B. 个人性格　　　　C. 民族风俗习惯　　　D. 商业惯例

    E. 作为名人的特殊身份

（　　）6. 经营者不得 _____。

    A. 对消费者进行侮辱、诽谤　　　　　　B. 侵犯消费者的人身自由

    C. 搜查消费者的身体及携带的物品　　　D. 拒绝消费者索要服务单据的要求

    E. 拒绝消费者强制交易的要求

（　　）7. 国家对消费者权益的保护，主要体现在 _____。

    A. 消费者可以直接参与有关消费者权益的法律、法规的制定工作

    B. 各级人民政府应当制止危害消费者人身、财产安全行为的发生

    C. 对符合法定起诉条件的消费者权益争议，人民法院必须受理

    D. 工商行政管理部门依法保护消费者的合法权益

    E. 国家机关工作人员不得包庇经营者侵犯消费者的合法权益

（　　）8. 对于在商品中掺杂、掺假、以假充真、以次充好或以不合格产品冒充合格产品的，
应由有关部门责令其改正，并根据其情节处以违法所得 _____ 的罚款。

A. 1万元以下　　　B. 2万元以上　　　C. 一倍以下　　　D. 一倍以上

E. 五倍以下

(　　) 9. 消费者协会享有下列选项所述的哪些职权?

A. 参与行政部门对商品和服务的监督、检查

B. 受理消费者的投诉,并对投诉事项进行调查和仲裁

C. 支持受损害的消费者提起诉讼

D. 对投诉案件涉及的商品质量进行监督

E. 直接对违法经营者进行罚款

(　　)10. 经营者提供商品或者服务,造成消费者或者其他受害人人身伤害的,应当
_____。

A. 支付医疗费　　　　　　　　B. 治疗期间的护理费

C. 因误工减少的收入　　　　　D. 抚养费

## 四、案例分析题

1. 某餐厅一日接待 30 余位就餐人员,饭后当天下午,就餐人员相继出现胃痛、呕吐、腹
泻等症状,20 余人到医院就诊或购药治疗,经医院检查化验:证实为细菌性食物中毒;工商
部门也查明中毒原因是餐厅经营者不注意饮食卫生所致。

**请　问:**

对餐厅合法的处理结果是什么?

2. 某厂商出售家用电脑时,向消费者声明:本店对机内预装软件是否有合法版权概不
负责,机器售出后发生任何版权纠纷,概与本店无关。

**请　问:**

厂商所作上述声明的做法应当如何认定?

3. 王某在电脑公司购买一台电脑,使用十个月后出现故障。在"三包"有效期内,经两次修理仍无法正常使用。此时市场上已无同型号电脑。

**请　问:**

依照有关法律规定,该事件应如何处理?

4. 在甲公司举办商品展销会期间,消费者李红从标明参展单位为乙公司的展位柜台购买了一台丙公司生产的家用电暖气,使用时发现有漏电现象,无法正常使用。由于展销会已经结束,李红先后找到甲公司、乙公司,方才得知展销会期间乙公司将租赁的部分柜台转租给了丁公司,该电暖气系由丁公司卖出的。

**请　问:**

在这种情况下,李红可以向谁要求赔偿?

## 五、实训题

**实训一:**

居民甲在某商场购得一台"多功能食品加工机",回家试用后发现该产品只有一种功能,遂向商场提出退货,商场答复:"该产品说明书未就其性能作明确说明,这是厂家的责任,所以顾客应向厂家索赔,商场概不负责。"

根据以上案情,回答下列问题:

(1)该产品存在什么问题?

（2）谁应对该产品负责？



（3）居民甲有什么权利？



**实训二：**

李某从超市买了 2 瓶啤酒，带到自己居住的楼下，请同事张某帮他拿上去。在上楼途中，突然一啤酒瓶爆炸。张某的左眼被飞起的碎片击中，流血不止。经治疗，张某的左眼视力在出院时只有 0.3，而且据医生说，视力可能会继续下降。事故发生后，张某要求超市赔偿自己所受的经济损失。超市认为自己不应负责任，因为经检验，张某所受损害是因酒瓶质量太差引起的，张某应向啤酒厂索赔，超市则不负责。

**请　问：**

（1）超市是否应承担赔偿责任？为什么？



（2）假设超市应负责，他们应该赔偿张某哪些费用？



（3）超市在承担赔偿责任后能否向啤酒厂追偿？为什么？

**实训三：**

**你会写投诉书吗？**

消费者在合法权益受到损害时，可向消费者协会发起投诉。投诉一般要有投诉状或投诉人签字盖章的详细口述笔录。消费者投诉状应参照民事起诉状的格式写作，包括：

（1）投诉人和被投诉人的基本情况，分别写明投诉人的姓名、年龄、住址、邮编、电话号码等，被投诉人的单位名称、详细地址、邮编、电话号码等。

（2）投诉要求，即投诉要达到的目的。

（3）事实依据（理由）。要写明购买商品或接受服务的日期、品名、牌号、规格、数量、价格、受损害及与经营者交涉的情况。

（4）证据。要提供凭证复印件及有关证明材料。

（5）尾部。写明投诉的机关名称，投诉人签名，投诉日期。消费者协会一般要在 10 日内通知投诉者受理或不受理，受理后要将投诉信转交到被投诉方，并要求被投诉方限期内答复。对内容复杂、争议较大的投诉，消费者协会可直接或会同有关部门共同处理。对消费者协会处理的结果不满意，消费者可以直接向人民法院提起诉讼，以维护自己的合法权益。

根据实训一和实训二的案例，请任选其中一例试写一份投诉状。然后由老师做出评判。

## 六、复习思考题

1. 什么是不正当竞争？其特征有哪些？

2. 简述我国不正当竞争行为主要有哪些类型。

3. 简述侵犯消费者权益保护法应承担的法律责任。

4. 消费者依法享有哪些权利？

5. 我国产品质量法中规定产品的生产者、销售者对产品质量有哪些义务？

经济法基础·习题集

# 第五章　合同法律制度

**一、判断题**（请将判断的结果填入括号内，正确的打"√"，错误的打"×"）

（　　）1. 婚姻、收养、监护等有关身份关系的协议，没有相关规定的，都可以根据其性质参照适用《民法典》合同编。

（　　）2. 在合同关系中，合同各方当事人不论其所有制性质、种类如何，也不论其规模、经济实力如何，在法律上都处于完全平等的地位，这体现了合同法的平等原则。

（　　）3. 张某是某企业的销售人员，随身携带盖有该企业公章的空白合同书，便于对外签约。后张某因收取回扣被企业除名，但空白合同书未被该企业收回。张某以此合同书与不知情的第三人签订购销协议，该购销协议有效。

（　　）4. 合同当事人的权利和义务是一致的、互为条件的，合同的各方当事人都必须公平合理地享受权利和承担义务，不得显失公平。

（　　）5. 债权人胡某下落不明，债务人沙某难以履行债务，遂将标的物提存。沙某将标的物提存以后，该标的物如果意外毁损、灭失，其损失应由胡某承担。

（　　）6. 受要约人对要约的内容作出实质性变更的，应当视为新要约。

（　　）7. 对格式条款的理解发生争议的，应当按照通常理解予以解释。对格式条款有两种以上解释的，应当作出不利于提供条款一方的解释。

（　　）8. 无处分权人与第三人订立的处分他人财物的合同，属于效力待定的合同。

（　　）9. 造成对方人身伤害和因故意或者重大过失造成对方财产损失的免责条款无效。

（　　）10. 当事人就履行地点约定不明确的，如果是给付货币，履行地点应当是接受给付一方所在地。

**二、单项选择题**

（　　）1.《民法典》中的合同编不适用于_____。
   A. 出版合同　　　　　　　　　　B. 收养合同
   C. 土地使用权合同　　　　　　　D. 质押合同

（　　）2. 在下列哪种情形中，在当事人之间会产生合同法律关系？_____
   A. 甲拾得乙遗失的一块手表
   B. 甲邀请乙看球赛，乙因为有事没有前去赴约
   C. 甲因放暑假，将一台电脑放入乙家中
   D. 甲养殖的鱼塘之鱼跳入乙家鱼塘

（　　）3. 租赁合同是_____。
   A. 双务合同　　　　　　　　　　B. 无偿合同
   C. 无名合同　　　　　　　　　　D. 为第三人利益订立的合同

（　　）4. 下列情形中属于效力待定合同的有_____。
   A. 10周岁的少年出售劳力士金表给40岁的李某
   B. 5周岁的儿童因发明创造而接受奖金
   C. 成年人甲误将本为复制品的油画当成真品购买

D. 出租车司机借抢救重病人急需租车之机将车价提高10倍

（　　）5. 甲和乙合作开办了宏都干洗店,丙将一件皮衣拿到干洗店清洗,交给正在营业中的甲,并向甲交付清洗费100元。该合同关系的主体是＿＿＿＿＿。
A. 甲和丙 　　　　　　　　　　　B. 乙和丙
C. 甲、乙和丙 　　　　　　　　　D. 宏都干洗店和丙

（　　）6. 当事人采用合同书形式订立合同的,自＿＿＿＿＿。
A. 双方当事人制作合同书时合同成立
B. 双方当事人表示受合同约束时合同成立
C. 双方当事人签字或者盖章时合同成立
D. 双方当事人达成一致意见时合同成立

（　　）7. 某甲的儿子患重病住院,急需用钱又借贷无门,某乙趁机表示愿意借给2000元,但半年后须加倍偿还,否则以甲的房子代偿,甲表示同意。根据《民法典》规定,甲、乙之间的借款合同＿＿＿＿＿。
A. 因显失公平而无效 　　　　　　B. 因显失公平而可撤销
C. 因乘人之危而无效 　　　　　　D. 因乘人之危而可撤销

（　　）8. 下列附条件合同效力的描述,正确的是＿＿＿＿＿。
A. 附生效条件的合同,自条件成就时失效
B. 附解除条件的合同,自条件成就时生效
C. 在附生效条件的合同,当事人为自己的利益不正当地阻止条件成就时,该合同生效
D. 在附解除条件的合同,当事人为自己的利益不正当地阻止条件成就时,该合同继续有效

（　　）9. 某商场设有自动售报机,顾客只需按要求投入硬币,即可得到当天的日报一份,此种成立买卖合同的形式为＿＿＿＿＿。
A. 书面形式 　　　B. 口头形式 　　　C. 推定形式 　　　D. 默示形式

（　　）10. 甲公司与乙公司签订买卖合同。合同约定甲公司先交货。交货前夕,甲公司派人调查乙公司的偿债能力,有确切材料证明乙公司负债累累,根本不能按时支付货款。甲公司遂暂时不向乙公司交货。甲公司的行为是＿＿＿＿＿。
A. 违约行为 　　　　　　　　　　B. 行使同时履行抗辩权
C. 行使先诉抗辩权 　　　　　　　D. 行使不安抗辩权

## 三、多项选择题（请将2个或2个以上的答案填入对应的括号内）

（　　）1. 合同的基本原则有＿＿＿＿＿。
A. 平等、自愿原则 　　　　　　　B. 公平原则
C. 合法原则 　　　　　　　　　　D. 诚实信用原则
E. 保护公序良俗原则

（　　）2. 下列选项所列的情形出现在合同中,可撤销合同的是＿＿＿＿＿。
A. 因重大误解而订立 　　　　　　B. 因显失公平而订立
C. 因一方受欺诈而订立 　　　　　D. 损害国家利益的行为

        E. 恶意串通损害第三人利益的

（　　）3. 我国合同法律制度规定当事人承担的违约责任主要有 _____。

        A. 支付定金                          B. 赔偿损失

        C. 中止履行合同                    D. 继续履行合同

        E. 采取补救措施

（　　）4. 下列选项所列情况,属无效合同的有 _____。

        A. 因欺诈而订立的合同            B. 因胁迫而订立的合同

        C. 损害国家利益的合同            D. 无行为能力人订立的合同

        E. 当事人以合法形式掩盖非法目的的合同

（　　）5. 合同的履行原则为 _____。

        A. 全面履行原则                    B. 实际履行原则

        C. 协助履行原则                    D. 经济合理原则

        E. 全部履行原则

（　　）6. 合同终止的原因中必然导致合同终止的情况有 _____。

        A. 清偿        B. 提存        C. 抵销        D. 免除

        E. 混同

（　　）7. 合同纠纷处理的途径有 _____。

        A. 和解        B. 调解        C. 仲裁        D. 申诉

        E. 起诉

（　　）8. 根据我国《民法典》的规定,下列选项中财产可以作为抵押物的有 _____。

        A. 抵押人所有的房屋和其他地上定着物

        B. 抵押人所有的机器、交通运输工具

        C. 抵押人依法有权处分的国有的土地使用权

        D. 抵押人依法承包的并经发包方同意抵押的荒山土地使用权

        E. 抵押人依法被查封的财产

（　　）9. 保管人不得 _____。

        A. 将保管物交给第三人保管          B. 将保管物交给第三人使用

        C. 自己使用保管物                D. 任意要求解除保管合同

        E. 擅自处理保管物

（　　）10. 下列选项所列合同关于履行地点的说法正确的是 _____。

        A. 不作为债务的履行地应是债权人的所在地

        B. 不动产权的转移,应在不动产权利登记机关所在地履行

        C. 给付货币的合同,应在接受货币一方所在地履行

        D. 修缮房屋,应在房屋所在地履行

        E. 其他标的,在履行义务一方所在地履行

## 四、案例分析题

    1. 甲公司与乙工厂洽商成立一个新公司,双方草签了合同,甲公司要将合同带回本部加盖公章,临行前,甲公司法定代表人提出,乙工厂须先征用土地并培训工人后甲公司方能在

合同上盖章,乙工厂出资 1000 万元征用土地并培训工人,征地和培训工人将近完成时,甲公司提出因市场行情变化,无力出资设立新公司,要求终止与乙工厂的合作。乙工厂遂起诉到法院。

**请　问:**

(1) 甲公司与乙工厂之间的合同是否成立? 为什么?

(2) 甲公司应承担什么责任? 为什么?

(3) 乙工厂能否要求甲公司赔偿 1000 万元的损失? 为什么?

2. 某甲乘坐红星出租汽车公司的出租车去市内办事,司机乙驾车至交叉路口时,因遇宏达客运公司的一辆货车超车,致使出租车撞上隔离栏,甲乙均受重伤。经交通大队勘查认定货车对事故负主要责任,出租车负次要责任。甲为治伤花去费用 8000 余元。

**请　问:**

(1) 若甲以红星出租汽车公司为被告提起诉讼,本案应如何处理? 为什么?

(2) 甲能否以宏达客运公司为被告提起诉讼? 为什么?

（3）乙对甲的损失是否应承担法律责任？为什么？

3. 河北某县的马某系养牛专业户，为了引进良种乳牛，与该县的畜牧站签订了良种乳牛引进合同。合同约定，良种乳牛款共10万元，马某预付定金2万元，违约金按照合同总额的10%计算。合同没有明确约定合同的履行地点。后马某从畜牧站将良种乳牛拉回，为此支付运费1000元。马某拉回乳牛后，在饲养中发生了不可抗力，导致乳牛无法产奶，马某预计的收入落空，无法及时偿还购牛款。畜牧站遂诉至法院。

**请　问：**

（1）马某要求畜牧站支付运费，该请求能否得到法院支持？为什么？

（2）针对畜牧站要求付款的请求，马某以不可抗力要求免责，能否成立？为什么？

（3）如果马某的行为构成违约，合同中规定的定金与违约金条款能否同时适用？

4. 2018年8月14日，张三和李四约定，张三将其一祖传名画卖予李四，价款10万元；并约定8月20日李四在张三家付款，8月21日双方到银行由张三取出放在保险柜的画交付给李四。8月16日，李四听说，因王五出价12万元，张三当天就将其祖传名画卖给了王五。

**请　问:**

（1）如果张三在 8 月 21 日不能履行自己的交画义务,其应承担什么法律责任?

（2）如果张三已将名画卖给他人的事得到证实,那么李四在 8 月 20 日能否拒绝履行付款义务? 为什么?

（3）如果张三 8 月 20 日提出自己卖给王五的是另一幅画,并由王五提供担保,那么,李四是否应该向张三付款?

（4）如果合同约定双方应于 8 月 20 日一手交钱,一手交画,结果张三于 8 月 20 日未交付画而要求李四付款,李四能否拒绝付款? 根据是什么?

## 五、实训题

**实训一:**

甲某与乙某签订了一份租房合同。合同约定:甲某租给乙某一室两厅的房屋一套;每月租金 1200 元,按季度支付,每季度的第一个星期一交付本季度的租金;租期两年,从 2017 年 10 月 1 日至 2019 年 9 月 30 日止,并约定甲某与 2017 年 9 月 20 日前付定金 5000 元。合同签订后,甲某于 2017 年 9 月 15 日按照合同付了定金给乙某,乙某当即交房给了甲某,甲某打开房屋查看后,用自己买的锁锁上了门。2017 年 10 月 8 日,甲某找到乙某,提出不租房的要求,并要求乙某退还 5000 元定金。乙某只同意甲某不租住自己的房屋,但不同意退还定金给甲某。

本案中,甲某的行为是否违约,理由是什么? 定金应该如何处理?


实训二:

某地农民贾某的父母收藏了一幅齐白石的画,秘而不宣。其父去世后,贾某在整理遗物时发现了该画。由于贾某文化不高,不知道齐白石画的价值。一日,某市国家干部刘某下乡检查工作,住在贾某家,发现了这幅画。于是刘某以极低的价格买下了这幅画。后来,贾某通过电视知道了齐白石画的价值,便通过十分曲折的途径找到刘某,要求刘某退还该画。刘某以双方都是自愿买卖,不存在威胁、欺骗为由,拒绝退回。于是贾某向法院起诉,要求刘某归还该画。

请分析:

刘某与贾某订立的买卖合同的效力如何,理由是什么? 对于贾某的诉讼请求,法院能否支持? 为什么?


实训三:

合同书的练习写作。

实训目的是通过合同书的写作,进一步了解合同的概念、原则、条款,以及关于合同的相关法律规定,进而掌握合同的写作技巧。


# 六、复习思考题

1. 订立合同应当采用什么形式?

2. 合同的内容应当包括哪些主要条款?

3. 在什么情况下合同无效?

4. 合同中的哪些免责条款是无效的?

5. 在什么情况下当事人可以解除合同?

6. 当事人承担违约责任的方式主要有哪几种?

7. 当事人在哪些事由出现时可以部分或全部免除违约责任?

# 第六章  工业产权法律制度

## 一、判断题 (请将判断的结果填入括号内,正确的打"√",错误的打"×")

(    ) 1. 有商标即有商标权。

(    ) 2. "屈原牌"猪饲料违反了我国商标法的相关规定。

(    ) 3. 所谓驰名商标没有什么特殊要求,只要特别有名就行。

(    ) 4. 商标是企业的智力成果,不属于知识产权。

(    ) 5. 申请注册的商标,凡符合商标权法有关规定的,由商标局核准注册,予以公告。

(    ) 6. 识别功能是商标的主要功能。

(    ) 7. 商标和商号都与商品密切相关,是同一法律概念。

(    ) 8. 商标权的取得方式分为原始取得和继受取得。

(    ) 9. 知识产权具有地域性的特征。

(    )10. 知识产权的保护对象是无形智力成果。

## 二、单项选择题

(    ) 1. 下列选项中,可以作为商标申请注册的是 _____。

     A. 五星红旗              B. 中国

     C. 人民大会堂          D. 黄河

(    ) 2. 下列选项中,可以作为商标申请注册的是 _____。

     A. 苹果,使用的商品为苹果酱

     B. 725 标号,使用的商品为水泥

     C. 两面针,使用的商品为含有"两面针"中药的牙膏;经过实际使用,"两面针"产生了显著性,能够识别商品的来源

     D. 二锅头,使用的商品为白酒

(    ) 3. 下列选项所列的说法中,正确的是 _____。

     A. 商标的显著特征是指商标特别引人注目

     B. 构成商标的图形越复杂,商标越具有显著特征

     C. 构成商标的图形越简单,商标越具有显著特征

     D. 将"苹果"二字作为服装上的商标使用,该商标具有显著特征;将"苹果"二字作为苹果酱上的商标使用,该商标缺乏显著性

(    ) 4. 依照我国《商标法》,下列商标不违反法律禁止性规定的是 _____。

     A. 暖和牌棉袄           B. 明亮牌灯管

     C. 粮食牌米酒           D. 甜蜜牌衬衣

(    ) 5. 甲公司职工王某在执行本公司任务的过程中,于 2017 年 1 月 20 日完成了一项发明创造,王某 2018 年 6 月 1 日从甲公司辞职。该发明创造申请专利的权利应属于谁? _____

     A. 王某                 B. 甲公司

     C. 甲公司和王某        D. 经甲公司和王某协商确定

（　　）6. 甲公司 2017 年获得一项外观设计专利。乙公司未经甲公司许可，以生产经营为目的制造该专利产品。丙公司未经甲公司许可以生产经营为目的所为的下列行为，哪一项会构成侵犯该专利的行为？

      A. 使用乙公司制造的该专利产品

      B. 销售乙公司制造的该专利产品

      C. 许诺销售乙公司制造的该专利产品

      D. 使用甲公司制造的该专利产品

（　　）7. 甲公司获得了某医用镊子的实用新型专利，不久后乙公司自行研制出相同的镊子，并通过丙公司销售给丁医院使用。乙、丙、丁都不知道甲已经获得该专利。下列哪一选项是正确的？

      A. 乙的制造行为不构成侵权

      B. 丙的销售行为不构成侵权

      C. 丁的使用行为不构成侵权

      D. 丙和丁能证明其产品的合法来源，不承担赔偿责任

（　　）8. 下列哪个选项属于实用新型专利保护的客体？

      A. 一种采用新程序控制的垃圾桶

      B. 一种制作卡通形象垃圾桶的模具

      C. 一种用于制作垃圾桶的新材料

      D. 一种为了美观而将外形设计为动物形象的垃圾桶

（　　）9. 下列哪个主题可获得外观设计专利权？

      A. 以企业商标标识为主体内容的瓶贴设计

      B. 手机屏幕壁纸的设计

      C. 艺术花瓶的设计

      D. 可批量印制的摄影作品

（　　）10. 下列哪个选项属于不可获得专利权的主题？

      A. 一种用转基因方法培育的黑色玉米品种

      B. 一种必须经主管机关批准方能生产的武器

      C. 一种生产放射性同位素的设备

      D. 一种制造假肢的方法

## 三、多项选择题（请将 2 个或 2 个以上的答案填入对应的括号内）

（　　）1. 任何能将自然人、法人，或者其他组织的商品与他人的商品区别开的可视性标志，包括 _____，均可以作为商标申请注册。

      A. 文字、图形、字母、数字、三维标志　　B. 颜色组合

      C. 文字、图形的组合　　              D. 上述要素的组合

（　　）2. 经商标局核准注册的商标为注册商标，包括 _____。

      A. 产品商标、服务商标　　      B. 集体商标

      C. 证明商标　　                 D. 使用在先的商标

（　　）3. _____对其生产、制造、加工、拣选或者经销的商品，需要取得商标专用权的，

应当向商标局申请服务商标注册。

    A. 自然人        B. 法人        C. 其他组织        D. 国家机关

(　　) 4. 申请注册的商标应当_____。

    A. 有显著特征

    B. 不得与他人在先取得合法权益相冲突

    C. 可以与他人在先取得合法权益相冲突

    D. 只能由中国公民申请

(　　) 5. 侵犯商标专用权的赔偿数额,应为_____。

    A. 侵权人在侵权期间所获得的利益

    B. 被侵权人在被侵权期间所受到的损失

    C. 被侵权人为制止侵权行为所支付的合理开支

    D. 不包括法律援助费用

(　　) 6. 依据《专利法》的有关规定,下列哪些情况不授予专利权?

    A. 甲发明了仿真伪钞机        B. 乙发明了对糖尿病特有的治疗方法

    C. 丙发现了某植物新品种        D. 丁发明了某植物新品种的生产方法

(　　) 7. 甲、乙共同完成一项发明,就该项发明的专利申请权所作的下列判断中,哪些是正确的?

    A. 如果甲不同意申请专利,乙可以自行申请

    B. 如果甲放弃其专利申请权,乙可以单独申请,但取得专利后,甲有免费使用的权利

    C. 如果甲准备转让其专利申请权,应签订书面合同

    D. 如果甲准备转让其专利申请权,乙在同等条件下有优先受让的权利

(　　) 8. 甲研究所与刘某签订了一份技术开发合同,约定由刘某为甲研究所开发一套软件。3个月后,刘某按约定交付了技术成果,甲研究所未按约定支付报酬。由于没有约定技术成果的归属,双方发生争执。下列选项哪些是正确的?

    A. 申请专利的权利属于刘某,但刘某无权获得报酬

    B. 申请专利的权利属于刘某,且刘某有权获得约定的报酬

    C. 如果刘某转让专利申请权,甲研究所享有以同等条件优先受让的权利

    D. 如果刘某取得专利权,甲研究所可以免费实施该专利

(　　) 9. 甲公司的游戏软件工程师刘某利用业余时间开发的《四国演义》游戏软件被乙公司非法复制,丙书店从无证书贩手中低价购进该盗版软件,丁公司从丙书店以正常价格购买该软件在其经营的游戏机上安装使用。下列说法哪些是正确的?

    A. 甲公司应当对刘某进行奖励

    B. 丙书店应当承担赔偿损失等法律责任

    C. 丁公司不承担赔偿责任

    D. 乙公司、丙书店应当承担共同侵权的民事责任

(　　)10. 授予专利权的条件有哪些?

    A. 新颖性        B. 创造性        C. 实用性        D. 保密性

## 四、案例分析题

1. 某电视机厂甲厂生产的"菊花"牌电视机,质量优良,价格适中,售后服务好,深受广大用户欢迎。后该厂的一名技术人员受聘于邻省一家生产"中意"牌电视机的工厂,担任了乙厂的技术副厂长,为扭转乙厂亏损落后的生产局面,乙厂一方面在技术上加大力度进行革新改造;另一方面希望通过改变产品名称打开销路。当得知甲厂的商标还未注册的情况下,便向商标局申请注册了"菊花"牌商标。此后,产品销路大有好转。甲厂得知这一情况后,以该品牌是自己首先创出,先使用为由,要求乙厂停止使用该商标。而乙厂则认为该商标自己已经注册,享有商标专用权,要求甲厂停止使用。为此,双方发生纠纷。

**请分析:**

本案中谁是侵权人?

2. 蓬莱酿酒厂于 2018 年 1 月 20 日,在国家商标局核准注册了圆圈图形"喜凰"牌商标一枚,用于本厂生产的白酒。此酒的瓶贴装潢上,除印有圆圈图形喜凰牌的注册商标外,还印有"喜凰酒"这一特定名称。步步高酒厂生产的白酒,注册商标为圆圈图形"福山"牌。步步高酒厂为与蓬莱酒厂争夺市场,拿着带有蓬莱酒厂商标标识"喜凰酒"的瓶贴装潢到某彩印厂,让其除把"喜凰"注册商标更换为"福山"牌注册商标,喜凰酒的"凰"字更换为"凤"字外,其余均仿照印制。步步高酒厂将印好的"福山"牌"喜凤酒"瓶贴装潢用于本厂生产的白酒,投放市场进行销售。步步高酒厂的瓶贴装潢由于在设计构图、字型、颜色等方面与蓬莱酒厂的近似,因此,造成消费者误认误购。步步高酒厂还在同一市场中,采用压价的手段与蓬莱酒厂竞争,致使蓬莱酒厂的喜凰酒滞销,造成重大经济损失。为此,蓬莱酒厂以步步高酒厂侵害其商标专用权为由,向人民法院提起诉讼。而步步高酒厂辩称,自己产品的注册商标是"福山"牌,而蓬莱酒厂的注册商标是"喜凰"牌,双方白酒的商标既不相同也不近似,不存在侵犯原告商标专用权的事实。

**试分析:**

步步高酒厂的行为是否侵犯了原告蓬莱酒厂的商标专用权?

3. 2017 年 3 月帅美西服厂以"大科大"三字作为商标文字予以注册,用于本厂生产的西服产品。2018 年 5 月腾达服装有限公司以"大哥大"三字作为商标文字予以注册,并用于本公司生产的服装商品。帅美西服厂发觉后,即致函腾达公司,说明自己的商标已经注册,认为这两个商标构成了近似商标,要求对方停止使用。而腾达公司则认为自己的商标也已注册,且与对方的商标并不相同,没有侵害帅美西服厂的商标权,因此置之不理。

**试分析:**

帅美西服厂应该怎么办?

4. 甲厂 2015 年研制出一种 N 型高压开关,于 2016 年 1 月向中国专利局提出专利申请,2017 年 5 月获得实用新型专利权。乙厂也于 2015 年 7 月自行研制出这种 N 型高压开关。乙厂在 2015 年底前已生产了 80 台 N 型高压开关,2016 年 3 月开始在市场销售。2016 年乙厂又生产了 70 台 N 型高压开关。2018 年初,甲厂发现乙厂销售行为后,遂与乙厂交涉,但乙厂认为自己的行为不构成侵权。

**请 问:**

乙厂是否侵犯了甲的专利权?为什么?

## 五、实训题

**实训一:**

2016 年 4 月,李智依法申请并取得了"编织式活动地板"的实用新型专利。2017 年 1 月,李智与昆明机房地板厂签订了该专利的普通许可使用合同,允许其在中国境内生产销售该专利产品。2018 年 3 月,李智在市场上发现了成都福利电线厂的产品与其专利产品完全相同。李智认为,成都福利电线厂未经其许可使用其专利生产销售专利产品,属于侵权行为。在诉讼中,成都福利电线厂辩称其是根据合同从昆明机房厂取得了李智的专利的生产和销售权,不存在侵权。

**请 问:**

成都福利电线厂是否存在侵权行为?为什么?

**实训二：**

2017年12月大都高科公司(以下称原告)取得了"高效能电炒勺"专利权。2018年初，原告在与一家公司洽谈其专利许可合同时，发现当地市场上已有相同产品在出售。原告购回后，查明该产品技术与其专利产品相同。于是，原告将该产品生产者明新公司(以下称被告)起诉到法院，要求追究其专利侵权责任。被告辩称，该产品已在2016年批量生产，并在中央电视台做了广告宣传。

**请　问：**

被告的抗辩理由是否成立？为什么？

**实训三：**

甲卷烟厂使用注册商标生产"蓝鸟牌"香烟，一年后发现乙乡镇卷烟厂未经注册也生产销售"蓝鸟牌"香烟，且其香烟质量比甲厂低，甲厂认为乙厂的行为严重损害了自己的产品信誉，遂委托某律师事务所丙律师，拟诉请法院求偿。乙厂得知此事后找到甲厂，申明本厂使用该商标已有两年之久，并无假冒侵权之意，并主张通过许可使用协议，取得甲厂的注册商标使用权。甲厂同意订立商标许可使用协议，但坚持要求乙厂先行赔偿，后双方找到律师进行咨询。

**请　问：**

(1) 乙厂的行为违反了我国《商标法》的哪些规定？

(2) 如果甲乙双方事后同意订立商标许可使用协议，双方应该遵循哪些规定？

## 六、复习思考题

　　1. 我国《专利法》在专利权的限制方面主要体现在哪些方面？

　　2. 当事人在转让注册商标权时应注意哪些法律行为？

　　3. 专利权人享有哪些权利？

　　4. 商标人的主要权利是什么？

　　5. 商标局对使用注册商标的,针对哪些行为可以责令限期改正或者撤销其注册商标？

# 第七章　税收法律制度

**一、判断题**(请将判断的结果填入括号内,正确的打"√",错误的打"×")

(　　) 1. 委托加工的应税消费品,除受托方为个人的外,应由受托方在向委托方交货时代收代缴消费税。

(　　) 2. 纳税期限就是税法规定的纳税人交纳税款的最后期限。

(　　) 3. 增值税的纳税期限最短的是 3 天,最长的是 30 天。

(　　) 4. 居民企业应当就其来源于中国境内、境外的所得缴纳企业所得税。

(　　) 5. 税收法律关系的客体只包括货物、财产、资源、所得等物质财富。

(　　) 6. 按照《企业所得税法》的规定,合伙企业不缴纳企业所得税。

(　　) 7. 根据《企业所得税法》规定,依照外国(地区)法律成立且实际管理机构不在中国境内,但在中国境内设立机构、场所的,或者在中国境内未设立机构、场所,但有来源于中国境内所得的企业,是居民企业。

(　　) 8. 在我国注册的外商投资企业是非居民企业。

(　　) 9. 根据《企业所得税法》的规定,企业以非货币形式接受捐赠收入的,不计入企业的收入总额。

(　　)10. 纳税人将不同税率的应税消费品组成成套消费品销售的,如果分别核算不同税率应税消费品的销售额、销售数量的,应按不同税率分别计算不同消费品应纳的消费税。

## 二、单项选择题

(　　) 1. 根据消费税法律制度的规定,属于消费税纳税人的是 _____。
- A. 粮食批发企业
- B. 家电零售企业
- C. 卷烟进口企业
- D. 服装生产企业

(　　) 2. 甲公司在计算 2019 年度企业所得税应纳税所得额时,准予扣除的新技术研究开发费用总额的下列计算方式中,正确的是 _____。
- A. 30×(1+50%) = 45(万元)
- B. 30×50% = 15(万元)
- C. 30×(1+100%) = 60(万元)
- D. 30×100% = 30(万元)

(　　) 3. 根据个人所得税法律制度的规定,下列各项中,不属于工资、薪金性质的补贴、津贴的是 _____。
- A. 岗位津贴
- B. 加班补贴
- C. 差旅费津贴
- D. 工龄补贴

(　　) 4. 甲企业下列收入中,属于企业所得税免税收入的是 _____。
- A. 出租设备收入 60 万元
- B. 国债利息收入 40 万元
- C. 技术服务收入 700 万元
- D. 出售房产收入 400 万元

(　　) 5. 根据个人所得税法律制度的规定,张某于 2018 年 4 月份取得的下列所得中,应缴纳个人所得税的是 _____。
- A. 股票转让所得 10 万元

B. 领取原提存的住房公积金 5 万元

C. 转让自用 5 年并且是家庭唯一生活用房取得的收入 100 万元

D. 购买体育彩票取得中奖收入 2 万元

（　　）6. 按照企业所得税法和实施条例规定，下列各项中属于非居民企业的有 _____。

　　A. 在黑龙江省工商局登记注册的企业

　　B. 在美国注册但实际管理机构在哈尔滨的外资独资企业

　　C. 在美国注册的企业设在苏州的办事处

　　D. 在黑龙江省注册但在中东开展工程承包的企业

（　　）7. 某企业 2018 年度境内所得应纳税所得额为 400 万元，在全年已预缴税款 25 万元，来源于境外某国税前所得 100 万元，境外实纳税款 20 万元，该企业当年汇算清缴应补（退）的税款为 _____ 万元。

　　A. 50　　　　　　B. 60　　　　　　C. 70　　　　　　D. 80

（　　）8. 下列选项所列的情况属于外部移送资产，需缴纳企业所得税的有 _____。

　　A. 用于职工奖励或福利

　　B. 将资产在总机构及其分支机构之间转移

　　C. 改变资产形状、结构或性能

　　D. 将资产用于生产、制造、加工另一产品

（　　）9. 企业所得税的纳税义务人不包括 _____。

　　A. 个人独资企业　　　　　　　　　　B. 中外合作企业

　　C. 一人有限公司　　　　　　　　　　D. 国有企业

（　　）10. 根据个人所得税法律制度的规定，对个人转让自用一定期限并且是家庭唯一生活用房取得的所得暂免征收个人所得税。这里的"一定期限"指的是 _____。

　　A. 1 年以上　　　　B. 2 年以上　　　　C. 3 年以上　　　　D. 5 年以上

## 三、多项选择题（请将 2 个或 2 个以上的答案填入对应的括号内）

（　　）1. 根据消费税法律制度的规定，下列选项所列业务应征收消费税的有 _____。

　　A. 甲卷烟厂将自产卷烟用于馈赠

　　B. 乙日化厂将自产高档化妆品用于分配利润

　　C. 丙汽车厂将自产小汽车用于赞助

　　D. 丁酒厂将自产白酒用于对外投资

（　　）2. 根据消费税法律制度的规定，下列选项中采取从价计征消费税的有 _____。

　　A. 高档手表　　B. 高尔夫球　　C. 烟丝　　D. 黄酒

（　　）3. 根据个人所得税法律制度的规定，下列选项中，属于工资薪金的有 _____。

　　A. 年终奖金　　B. 劳动分红　　C. 季度奖金　　D. 加班工资

（　　）4. 根据增值税法律制度的规定，下列选项中，应视同销售货物，征收增值税的有 _____。

　　A. 将自产货物用于集体福利　　　　B. 将外购货物用于个人消费

　　C. 将自产货物无偿赠送他人　　　　D. 将外购货物分配给股东

（　　）5. 下列各项中属于增值税征税范围的有 _____。

A. 缝纫业务　　　　　　　　　　　B. 银行销售金银业务

C. 货物期货　　　　　　　　　　　D. 饮食业纳税人销售非现场消费的食品

( ) 6. 根据增值税法律制度规定,销售下列货物应当按增值税低税率 9% 征收的有
_____。

A. 粮食　　　　B. 图书　　　　C. 暖气　　　　D. 电力

( ) 7. 下面选项列出的企业缴纳的保险金,可以在税前直接扣除的有 _____。

A. 为特殊工种的职工支付的人身安全保险费

B. 为没有工作的董事长夫人缴纳的社会保险费用

C. 为投资者或者职工支付的商业保险费

D. 企业为投资者支付的补充养老保险

( ) 8. 根据《企业所得税法》的规定,在计算企业所得税应纳税所得额时,下列项目不得
在企业所得税税前扣除的有 _____。

A. 外购货物管理不善发生的损失　　　B. 违反法律被司法部门处以的罚金

C. 非广告性质的赞助支出　　　　　　D. 银行按规定加收的罚息

( ) 9. 下列各项中,属于企业所得税征收税范围的有 _____。

A. 居民企业来源于境外的所得　　　　B. 非居民企业来源于中国境内的所得

C. 非居民企业来源于中国境外的所得　D. 居民企业来源于中国境外的所得

( )10. 下列各项所列的费用中,准予在计算应纳税所得额时扣除的是 _____。

A. 管理费用 450 万元　　　　　　　　B. 支付在建办公楼工程款 60 万元

C. 支付诉讼费 2.3 万元　　　　　　　D. 营业外支出 300 万元

## 四、案例分析题

1. 某啤酒厂 2018 年 2 月份销售甲类啤酒 3000 吨,取得不含增值税销售额 695 万元,增值税税款 150.15 万元,另收取包装物押金 23.4 万元。

**请计算:**

2 月该啤酒厂应纳消费税税额。

2. 某企业本月从国外进口一批应税消费品,海关核定的关税完税价格为 100 万元。进口关税税率为 40%,适用消费税税率为 30%,增值税税率为 13%。

**请计算:**

该批货物进口应纳增值税和消费税额。

3. 李某 2018 年 10 月取得如下收入：

（1）到期国债利息收入 986 元。

（2）购买福利彩票支出 500 元，取得一次性中奖收入 15000 元。

（3）股票转让所得 10000 元。

（4）转让自用住房一套，取得转让收入 500 万元，该套住房购买价为 200 万元，购买时间为 2007 年并且是唯一的家庭生活用房。

**请计算：**

李某当月应缴纳的个人所得税税额是多少？

4. 某单位本月从国外购入一批货物，货物到岸的完税价格为 900 万元，经计算缴纳关税 100 万元。

**请计算：**

某单位该批货物应当缴纳的增值税税额是多少？

## 五、实训题

**实训一**

2018 年 7 月，王某出租住房取得不含增值税租金收入 3000 元，房屋租赁过程中缴纳的可以税前扣除的相关税费 120 元，支付出租房屋维修费 1000 元，已知个人出租住房取得的所得按 10% 的税率征收个人所得税，每次收入不足 4000 元的减除费用 800 元。

**请 问：**

王某当月出租住房应缴纳个人所得税税额应当如何计算？

**实训二**

假设 2019 年甲公司职员李某全年取得工资、薪金收入 180000 元。当地规定的社会保险和住房公积金个人缴存比例为：基本养老保险 8%，基本医疗保险 2%，失业保险 0.5%，住房公积金 12%。李某缴纳社会保险费核定的缴费工资基数为 10000 元。李某正在偿还首套住房贷款及利息；李某为独生女，其独生子正就读大学 3 年级；李某父母均已年过 60 岁。李某夫妻约定由李某扣除贷款利息和子女教育费。

**请　问：**

李某在 2019 年应缴纳的个人所得税税额是多少？

**实训三**

甲公司为居民企业，主要从事工艺品生产和销售业务。2017 年有关经营情况如下：

（1）销售产品收入 2000 万元，出租设备租金收入 20 万元，接受捐赠收入 10 万元，国债利息收入 2 万元，转让商标权收入 60 万元。

（2）将价值 50 万元的产品用于换取乙公司生产的货物，将价值 34 万元的产品用于抵信用公司欠款，将价值 3.5 万元的产品用于馈赠客户，将价值 10 万元的产品用于奖励优秀职工。

（3）捐赠支出 27 万元，其中直接向丁中学捐赠 3 万元，通过市民政部门用于扶贫救济的捐赠 24 万元。

（4）违反规定被工商行政管理局罚款 2.5 万元，缴纳税收滞纳金 1 万元，非广告性赞助支出 3 万元。

（5）预缴企业所得税税款 33 万元。

（6）全年利润总额为 190 万元。

已知：公益性捐赠支出，在年度利润总额 12% 以内的部分，准予在计算应纳税所得额时扣除。

**请　问：**

（1）甲公司的收入中，属于免税收入的应该是哪项？

（2）甲公司将价值50万元的产品用于换取乙公司生产的货物,将价值34万元的产品用于抵信用公司欠款,将价值3.5万元的产品用于馈赠客户,将价值10万元的产品用于奖励优秀职工。在计算2017年度企业所得税应纳税所得额时,是否应视同销售计算所得税?为什么?

（3）甲公司在计算2017年度企业所得税应纳税所得额时,准予扣除的公益性捐赠支出金额是多少?

（4）甲公司在计算2017年度企业所得税应纳税所得额时,哪些项目不得扣除?

## 六、复习思考题

1. 税法的构成要素包括哪些?

2. 简述增值税、消费税的纳税人。

3. 什么是劳务报酬所得?

4. 个人所得税应纳税所得额是如何确定的?

5. 个人所得税的专项扣除项目有哪些?

经
济
法
基
础
·
习
题
集

# 第八章　会计法律制度

一、**判断题**(请将判断的结果填入括号内,正确的打"√",错误的打"×")

( 　 ) 1. 根据会计档案法的规定,会计资料的保管期限分为定期和不定期两类。

( 　 ) 2. 各单位应当根据会计业务的需要设置会计机构,但会计工作必须依法开展。

( 　 ) 3. 会计是以货币为主要计量单位,反映和监督一个单位经济活动的一种经济管理工作。

( 　 ) 4. 企业会计的确认、计量和报告应当以权责发生制为基础。

( 　 ) 5. 会计期间分为年度、半年度、季度。

( 　 ) 6. 会计记录所使用的文字只能是中文,不允许使用民族文字或外国文字。

( 　 ) 7. 会计核算是对经济活动进行记账、算账和报账的过程。

( 　 ) 8. 事前监督是对各项经济活动的真实性、合理性、合法性和完整性的审查。

( 　 ) 9. 会计的基本职能是核算和监督,而核算职能则是会计的首要职能。

( 　 )10. 凡是特定主体能够以货币表现的经济活动,都是会计核算和监督的内容,也就是会计的对象。

二、**单项选择题**

( 　 ) 1. 《会计法》规定:各单位应依据 _____ 的需要设置会计机构,或者在有关机构中设置会计人员并指定会计主管人员。

  A. 单位营业收入        B. 会计人员数量

  C. 会计业务          D. 单位的规模

( 　 ) 2. 会计是以 _____ 为主要计量单位,反映和监督一个单位经济活动的一种经济管理工作。

  A. 实物    B. 数量    C. 货币    D. 人民币

( 　 ) 3. 单位会计工作和会计资料的真实性、完整性由 _____ 负责。

  A. 单位负责人         B. 会计机构

  C. 会计人员          D. 会计机构和会计人员

( 　 ) 4. 对会计对象具体内容按其经济特征进行归纳、划分和界定,从而形成会计核算与监督的必要构成因素是 _____ 。

  A. 会计准则    B. 会计假设    C. 会计要素    D. 会计方法

( 　 ) 5. 在我国代表国家对会计工作行使职能的政府部门是 _____ 。

  A. 财政部门    B. 国务院    C. 审计部门    D. 税务部门

( 　 ) 6. 会计法律是指 _____ 。

  A.《中华人民共和国会计法》     B.《总会计师条例》

  C.《会计基础工作规范》      D.《企业会计制度》

( 　 ) 7. 我国会计行政法规不包括 _____ 。

  A.《企业财务会计报告条例》     B.《总会计师条例》

  C.《会计基础工作规范》      D.《企业会计准则》

( ) 8. 根据《中华人民共和国会计法》的规定,有权制定国家统一的会计制度的政府部门是 _____。

    A. 国务院                  B. 国务院财政部门

    C. 国务院各业务主管部门      D. 省级人民政府财政部门

( ) 9. 根据我国有关法律规定,在公司制企业,对本单位会计工作负责的单位负责人应当是 _____。

    A. 董事长                  B. 总经理

    C. 总会计师             D. 会计机构负责人

( )10. 根据《会计档案管理办法》的规定,会计档案保管期限分为永久和定期两类,定期保管的会计档案,其最短期限是 _____。

    A. 1 年        B. 2 年        C. 3 年        D. 5 年

## 三、多项选择题(请将 2 个或 2 个以上的答案填入对应的括号内)

( ) 1. 下列选项所列哪些人员不能取得或重新取得会计从业资格证书?

    A. 因提供虚假财务会计报告被追究刑事责任

    B. 做假账被追究刑事责任

    C. 因受贿被追究刑事责任

    D. 挪用公款被追究刑事责任

( ) 2. 《会计法》规定:下列选项列出的经济业务事项,应当办理会计手续,进行会计核算的有 _____。

    A. 款项和有价证券的收付      B. 债权债务的发生和结算

    C. 资本、基金的增减         D. 收入、支出、费用、成本的计算

( ) 3. _____ 必须符合国家统一的会计制度的规定。

    A. 会计凭证             B. 会计账簿

    C. 其他会计资料         D. 财务会计报告

( ) 4. 以下各选项中,属于会计差错的有 _____。

    A. 会计政策使用上的差错      B. 会计估计上的差错

    C. 对经济业务错记借贷方向     D. 账户使用错误

    E. 对事实的疏忽和误用

( ) 5. 会计监督体系包括 _____。

    A. 单位内部会计监督               B. 会计工作的国家监督

    C. 会计工作的社会监督             D. 新闻媒体监督

( ) 6. 原始凭证的填制要求包括 _____。

    A. 真实可靠      B. 内容完整      C. 填制及时      D. 依法监督

( ) 7. 我国广义的会计法律制度包括 _____。

    A. 会计法律                B. 会计行政法规

    C. 国家统一会计制度         D. 地方性会计法规

( ) 8. 会计机构和会计人员的主要职责包括 _____。

    A. 依法进行会计核算

经济法基础·习题集

B. 依法实行会计监督

C. 制定本单位办理会计事务的具体办法

D. 参与制定经济计划、业务计划、考核、分析预算、财务计划的执行情况

( ) 9. 关于会计职业道德组织实施,对违反《会计法》的行为,表述正确的有 _____ 。

A. 甲认为,根据违反的情况给予相应的处罚

B. 乙认为,应对相关责任人暂停从业资格

C. 丙认为,应指定相关人员参加一定学时的继续教育

D. 丁认为,应对相关人员在会计行业范围内通报批评

( ) 10.《会计法》对单位会计机构负责人(会计主管人员)的任职资格规定 _____ 。

A. 具有会计从业资格证书　　　　　B. 从事会计工作满 2 年

C. 从事会计工作满 3 年　　　　　　D. 具备会计师以上专业技术资格

## 四、案例分析题

1. 郭某毕业于某大学,自从参加工作以来一直从事办公室文秘,恪守职责,兢兢业业,深受公司领导和同事们的好评。由于单位会计部门人手奇缺,公司领导要求郭某担任财务部门的出纳工作,领导认为,虽然郭某没有取得会计从业资格证书,但出纳并不是会计岗位,郭某工作能力强,很快就能适应。郭某从事出纳工作半年后,参加了当年全省会计从业资格的统一考试,并取得了会计从业资格证书。后郭某因工作任劳任怨,刻苦钻研业务,积极提出合理化建议,多次被公司评为先进会计工作者。几年后,郭某的丈夫在一家私营电子企业任总经理,在其丈夫的多次要求下,郭某将在工作中接触到公司新产品研发计划及相关会计资料复印件提供给其丈夫,给公司造成了一定的损失,但尚不构成犯罪。公司认为她不宜继续担任会计工作。

**根据上述资料,回答以下问题:**

(1) 关于公司领导任用郭某担任出纳的行为是否合法?为什么?

(2) 郭某因工作任劳任怨,刻苦钻研业务,积极提出合理化建议,多次被公司评为先进会计工作者,体现了郭某具备哪些会计职业道德的要求?

（3）郭某将公司新产品的研发资料复印件给其丈夫，给公司造成一定的损失，违背了几项会计职业道德？

（4）对于郭某违反会计职业道德的行为，可以给予刑事制裁吗？为什么？

2. 2017 年 10 月 10 日，甲公司会计人员张某在办理报销工作中，收到的两张乙公司开具的销货发票均有更改现象：其中一张发票更改了数量和用途，另一张发票更改了金额。两张发票均有乙公司的单位印章。张某全部予以报销。

**请　问：**

会计人员张某将原始凭证均予以报销的做法是否正确？简要说明理由。

3. 某国有企业发生如下情况：2017 年 2 月，会计科长王某退休，在与新任会计科长张某办理会计交接手续时，因厂长在外地出差，人事科长负责监交工作。2018 年 2 月企业财务会计报告对外报出时，主管会计工作的副厂长、总会计师和会计科长张某在财务报告上加盖名章，厂长在财务会计报告上签名，并加盖单位公章。

**请　问：**

（1）该企业会计工作交接是否符合会计法律制度的规定？简要说明理由。

（2）该企业财务会计报告签章是否符合《中华人民共和国会计法》的规定？简要说明理由。

4. 振兴公司是一家国有大型企业。2018年12月，公司召开董事会，董事长兼总经理胡某认为：财务会计报告专业性很强，我也看不懂，以前我在财务会计报告上签字盖章只是履行程序而已，意义不大，从今以后公司对外报送的财务会计报告一律改由范总会计师一人把关，并签字盖章后就可对外报出。

**请回答：**

胡某的观点有无不妥之处？

5. 万兴公司是一家大型国有企业，近几年经济效益一直不好。2017年12月，公司董事长赵某指示会计部门把账做得漂亮一些。会计部门虚拟了若干笔销售收入，从而使公司报表由亏变盈，经诚信会计师事务所审计后报出。当地财政部门在2018年5月的《会计法》执法检查中发现了这一会计做假行为，并依据《会计法》规定，拟对公司进行处罚，并下达了行政处罚通知书。之后，公司要求举行听证会。听证会上，公司董事长认为，公司对外报出的财务会计报告是经过诚信会计师事务所审计的，并出具了无保留意见的审计报告，理应对本公司的财务会计报告的真实性、完整性负责，承担由此带来的一切责任。

**请　问：**

董事长赵某的观点是否正确？

## 五、实训题

某有限责任公司是一家中外合资经营企业,2018年度发生了以下会计事项:

（1）1月21日,公司接到市财政局通知,市财政局要来公司检查会计工作情况。公司董事长兼总经理胡某认为,公司作为中外合资经营企业,不应受《会计法》的约束,财政部门无权来检查。

（2）3月5日,公司会计科一名档案管理人员因生病临时交接工作,胡某委托单位出纳员李某临时保管会计档案。

（3）4月15日,公司从外地购买一批原材料,收到发票后,与实际支付事项进行核对时发现发票金额错误,经办人员在原始凭证上进行更改,并加盖了自己的印章,作为报销凭证。

（4）5月2日,公司会计科科长退休。公司决定任命自参加工作以来一直从事文秘工作的办公室副主任王某为新任会计科科长。

（5）6月30日,公司有一批保管期满的会计档案,按规定需要进行销毁。公司档案管理部门编制了会计档案销毁清册,档案管理部门的负责人在会计档案销毁清册上签了字,并于当天销毁。

（6）9月9日,公司人事部门从外省招聘了一名具有高级会计师资格的会计人员。该高级会计师持有外省的会计从业资格证书,其相关的会计从业资格业务档案资料仍保存在外省的原单位所在地财政部门。

（7）12月1日,公司董事会研究决定,公司以后对外报送的财务会计报告由王科长签字,盖章后报出。

**请分析:**

（1）公司董事长兼总经理胡某认为合资经营企业不受《会计法》约束的观点是否正确?为什么?

（2）该公司由出纳员临时保管会计档案的做法是否符合法律规定?为什么?

（3）该公司经办人员更改原始凭证金额的做法是否符合法律规定?为什么?

（4）该公司王某担任会计科科长是否符合法律规定？为什么？

（5）该公司销毁会计档案的做法是否符合法律规定？为什么？

## 六、复习思考题

1. 依法建账的要求是什么？

2. 如何理解"单位负责人对本单位的会计工作和会计资料的真实性、完整性负责"？

3. 违反会计制度规定应当承担法律责任的行为有哪些？

4. 单位负责人对会计人员进行打击报复应当承担什么样的法律责任？

# 第九章　劳动保障法律制度

**一、判断题**(请将判断的结果填入括号内,正确的打"√",错误的打"×")

(　　) 1. 用人单位自用工次日起即与劳动者建立劳动关系。

(　　) 2. 用人单位为特殊行业(如银行等)招用劳动者,可以要求劳动者提供担保。

(　　) 3. 建立劳动关系,应当订立书面劳动合同或者口头合同。

(　　) 4. 固定期限劳动合同,是指用人单位与劳动者约定合同终止时间的劳动合同。

(　　) 5. 无固定期限劳动合同,是指用人单位与劳动者约定无确定终止时间的劳动合同。

(　　) 6. 以完成一定工作任务为期限的劳动合同,是指用人单位与劳动者约定以某项工作的完成为合同期限的劳动合同。

(　　) 7. 劳动者在该用人单位连续工作满二十年的,应当订立无固定期限劳动合同。

(　　) 8. 用人单位自用工之日起满六个月不与劳动者订立书面劳动合同的,视为用人单位与劳动者已订立无固定期限劳动合同。

(　　) 9. 劳动合同期限三个月以上不满一年的,试用期不得超过一星期。

(　　)10. 用人单位依法裁减人员,在三个月内重新招用人员的,应当通知被裁减的人员,并在同等条件下优先招用被裁减的人员。

**二、单项选择题**

(　　) 1. 用人单位自_____起即与劳动者建立劳动关系。

　　　　A. 用工之日　　　　　　　　　　B. 签订合同之日

　　　　C. 上级批准设立之日　　　　　　D. 劳动者领取工资之日

(　　) 2. 用人单位招用劳动者,_____扣押劳动者的居民身份证和其他证件,不得要求劳动者提供担保或者以其他名义向劳动者收取财物。

　　　　A. 可以　　　　　B. 不应　　　　　C. 应当　　　　　D. 不得

(　　) 3.《劳动合同法》规定,建立劳动关系,_____订立书面劳动合同。

　　　　A. 可以　　　　　B. 应当　　　　　C. 需要　　　　　D. 无须

(　　) 4. 已经建立劳动关系,未同时订立书面劳动合同的,应当自用工之日起_____内订立书面劳动合同。

　　　　A. 十五日　　　　B. 一个月　　　　C. 两个月　　　　D. 三个月

(　　) 5. 劳动合同期限一年以上不满三年的,试用期不得超过_____。

　　　　A. 一个月　　　　B. 两个月　　　　C. 半个月　　　　D. 一个半月

(　　) 6. 劳动者在试用期的工资不得低于本单位相同岗位最低档工资或者劳动合同约定工资的_____,并不得低于用人单位所在地的最低工资标准。

　　　　A. 30%　　　　　B. 50%　　　　　C. 60%　　　　　D. 80%

(　　) 7. 劳动者违反竞业限制约定的,应当按照约定向用人单位支付_____。

　　　　A. 违约金　　　　B. 赔偿金　　　　C. 补偿金　　　　D. 损失费

(　　) 8. 竞业限制的人员限于用人单位的_____高级技术人员和其他负有保密义务的人员。

A. 管理人员                  B. 中层管理人员

C. 高级管理人员            D. 一般管理人员

( ) 9. 用人单位变更名称、法定代表人、主要负责人或者投资人等事项，_____劳动合同的履行。

A. 影响                      B. 不影响

C. 不一定影响             D. 法律未规定是否影响

( ) 10. 劳动者提前_____日以书面形式通知用人单位，可以解除劳动合同。

A. 3          B. 10          C. 15          D. 30

## 三、多项选择题（请将 2 个或 2 个以上的答案填入对应的括号内）

( ) 1. 根据《劳动合同法》第十二条的规定，劳动合同类型有_____。

A. 固定期限劳动合同

B. 无固定期限劳动合同

C. 以完成一定工作任务为期限的劳动合同

D. 一年期限的劳动合同

( ) 2. 根据《劳动合同法》第十四条的规定，有下列选项_____所述情形的，劳动者提出或者同意续订、订立劳动合同的，除劳动者提出订立固定期限劳动合同外，应当订立无固定期限劳动合同。

A. 劳动者在该用人单位连续工作满十年

B. 用人单位初次实行劳动合同制度或者国有企业改制重新订立劳动合同时，劳动者在该用人单位连续工作满十年且距法定退休年龄不足五年

C. 连续订立二次固定期限劳动合同，且劳动者没有本法第三十九条和第四十条第一项、二项规定的情形，续订劳动合同的

D. 劳动者在该用人单位连续工作满十五年

( ) 3. 根据《劳动合同法》第二十条的规定，下列选项中关于劳动者在试用期的工资说法错误的是_____。

A. 劳动者在试用期的工资不得低于本单位相同岗位最低档工资或者劳动合同约定工资的 80%，并不得低于用人单位所在地的最低工资标准

B. 劳动者在试用期的工资不得低于用人单位所在地的社会平均工资

C. 劳动者在试用期的工资不得低于本单位平均工资的 80%

D. 劳动者在试用期的工资不得低于本单位相同岗位最低档工资的 50%

( ) 4. 根据《劳动合同法》第十九条的规定，试用期最长不得超过_____。

A. 3 个月        B. 6 个月        C. 12 个月        D. 24 个月

( ) 5. 根据《劳动合同法》第二十一条的规定，下列关于用人单位在试用期中解除劳动合同的说法不正确的是_____。

A. 试用期内用人单位可以随时通知劳动者解除劳动合同

B. 用人单位在试用期解除劳动合同的，不需向劳动者说明理由

C. 在试用期内被证明不符合录用条件的，用人单位可以解除劳动合同

D. 在试用期内被证明不符合录用条件的，用人单位必须解除劳动合同

（　　）6. 根据《劳动合同法》的规定，下列关于劳动合同无效的说法正确的是 _____。

    A. 劳动合同部分无效，则整个劳动合同无效

    B. 劳动合同部分无效，不影响其他部分效力的，其他部分仍然有效

    C. 劳动合同被确认无效，劳动者已付出劳动的，用人单位应当向劳动者支付劳动报酬

    D. 劳动合同被确认无效，劳动者已付出劳动的，用人单位可以向劳动者支付劳动报酬

（　　）7.《劳动合同法》第四十一条规定，用人单位可以裁减人员的情形有 _____。

    A. 依照企业破产法规定进行重整的

    B. 生产经营发生严重困难的

    C. 企业转产、重大技术革新需要裁减人员的

    D. 经营方式调整，经变更劳动合同后，需裁减人员的

（　　）8. 根据《劳动合同法》第四十一条规定，企业裁减人员的程序是 _____。

    A. 提前 60 日向工会或者全体职工说明情况

    B. 听取工会或者职工的意见

    C. 将裁减人员方案向劳动行政部门报告

    D. 提前 30 日向工会或者全体职工说明情况

（　　）9. 根据《劳动合同法》第四十七条规定，以下情况不正确的是 _____。

    A. 经济补偿金按劳动者签订劳动合同的时间开始算，不满一年按一年计算，每满一年支付一个月工资的标准支付

    B. 按劳动者在本单位工作的年限，每满一年支付一个月工资的标准。六个月以上不满一年的，按一年计算；不满六个月的，向劳动者支付半个月工资的经济补偿

    C. 用人单位被吊销营业执照、责令关闭、撤销或者用人单位决定提前解散的，不用支付劳动者经济补偿金

    D. 用人单位提前解散的，不用支付劳动者经济补偿金

（　　）10. 根据《劳动合同法》第五十七条的规定，劳务派遣单位应符合的条件有 _____。

    A. 经劳动行政部门审批同意　　　　B. 依照公司法的有关规定设立

    C. 注册资本不得少于 50 万　　　　D. 注册资本不得少于 100 万

（　　）11. 按照《劳动合同法》的规定，用人单位安排加班又不依法支付加班费的应当 _____。

    A. 由劳动行政部门责令限期支付加班费

    B. 劳动行政部门责令用人单位按应付金额 50% 以上 100% 以下的标准向劳动者加付赔偿金

    C. 如劳动行政部门责令用人单位限期支付，但用人单位逾期不支付的，劳动行政部门责令用人单位按应付金额 50% 以上 100% 以下的标准向劳动者加付赔偿金

    D. 劳动行政部门责令用人单位按应付金额 100% 以上 200% 以下的标准向劳动者加付赔偿金

## 四、案例分析题

1. 冯某于 2014 年 11 月 3 日与某公司签订了为期 10 年的劳动合同,任销售部经理。2018 年 3 月,该公司与冯某协商解除劳动合同,冯某同意。经协商,该公司向冯某支付经济补偿 2.5 万元,双方解除了劳动合同。冯某解除劳动合同前 12 个月的平均工资为 1 万元。2018 年 5 月,冯某以该公司拖欠经济补偿为由,向当地劳动争议仲裁委员会提出仲裁,要求该公司补发经济补偿 2 万元并加付 50% 的额外经济补偿金 1 万元。

**请　问:**

仲裁委审理后,是否会支持冯某的请求? 请说明理由。

2. 王某到某公司应聘填写录用人员情况登记表时,隐瞒了自己曾先后 2 次受行政、刑事处分的事实,与公司签订了三年期限的劳动合同。事隔 3 日,该公司收到当地检察院对王某不起诉决定书。经公司进一步调查得知,王某曾因在原单位盗窃电缆受到严重警告处分,又盗窃原单位苫布被查获,因王某认罪态度较好,故不起诉。

**请　问:**

该公司调查之后,以王某隐瞒受过处分,不符合本单位录用条件为由,在试用期内解除了与王某的劳动关系,是否合理?

3. 公司派王某到美国接受为期 6 个月的专业技术培训,培训费用为 3.6 万元,公司和王某签订一个服务期协议,王某接受培训后必须为公司服务 3 年,否则,要向公司支付违约金。

**请　问:**

如果王某培训后在公司工作满 2 年后想解除合同,那么王某应该支付多少违约金?

4. 2018 年 1 月 10 日,小王入职时,公司告知他有三个月的试用期,但是没有与小王签订书面的劳动合同。2018 年 3 月 15 日,公司通知小王,由于他在试用期表现不佳,所以公司决定辞退他。小王觉得很委屈,因为在试用期内他确实努力工作而且自认为表现是很好的。

**请 问:**

在这种情况下,小王应该怎么办?

5. 某单位与张某签订了 2 年期的劳动合同期,并约定试用期是 6 个月,试用期内的月工资为 1000 元,试用期满后的月工资为 1500 元,张某按照合同约定完成了 6 个月的试用期工作,而且该单位按照合同规定支付了试用期的全部工资。

**试 分 析:**

(1) 用人单位与张某约定的试用期期限是否合法? 为什么?

(2) 用人单位实际应当承担的违法成本为多少?

## 五、实训题

2016 年 6 月,安徽保姆周贷兰通过普陀区保姆中介所介绍,为上海市普陀区一户人家提供家政服务。2017 年 12 月 24 日,周贷兰去雇主家擦玻璃时,不慎失足从 4 楼摔了下去,医院诊断为:脾脏破裂,腰椎粉碎性骨折。医院立即实施手术,周贷兰的脾脏被切除,雇主为此支付了 2 万多元的医药费。但需再做手术支付 4 万多元的费用方可摆脱终生瘫痪的危险。周本人无力支付,已经为其支付 2 万元医药费的雇主也表示难以为继。周贷兰通过法律援助向劳动争议仲裁委员会申请仲裁,要求普陀区保姆中介所承担赔偿责任。

经济法基础·习题集

**请　问：**

劳动争议仲裁委员会会受理此案吗？为什么？

## 六、复习思考题

1. 劳动法调整的劳动关系有什么特征？

2. 劳动合同与劳务合同有什么区别？

3. 劳动合同的必备条款有哪些？可备条款有哪些？

4. 简述用人单位对劳动合同单方解除的情形。

5. 简述劳动者对劳动合同单方解除的情形。

# 第十章　经济纠纷的仲裁与诉讼

**一、判断题**（请将判断的结果填入括号内,正确的打"√",错误的打"×"）

（　　） 1. 出现纠纷可选择自行协商、调解、仲裁、诉讼等四条途径解决纠纷。

（　　） 2. 我国《仲裁法》规定,当事人采用仲裁方式解决纠纷,应当双方自愿达成仲裁协议,没有仲裁协议,一方申请仲裁的,仲裁委员会不予受理。

（　　） 3. 在仲裁、司法机构主持下制作的调解书与判决书、裁决书不具有同等法律效力。

（　　） 4. 一般的经济纠纷想通过诉讼解决,应到原告所在地的基层人民法院申诉。

（　　） 5. 因合同纠纷提起诉讼,由合同签订地或者被告住所地的人民法院管辖。

（　　） 6. 孙某与张某因解除收养关系而发生纠纷可以适用《仲裁法》。

（　　） 7. 经济纠纷案件地域管辖的一般原则是被告就原告。

（　　） 8. 法院审理民事纠纷案件程序中的基础程序是简易程序。

（　　） 9. 依据《仲裁法》规定,仲裁不公开进行,当事人协议公开的,也不能公开进行。

（　　）10. 仲裁委员会收到仲裁申请书之日起 10 日内,认为符合受理条件的,应当受理,并通知当事人。

**二、单项选择题**

（　　） 1. 解决纠纷的途径中实行地域和级别管辖的有 _____。

    A. 协商　　　　　　　　B. 调解　　　　　　　　C. 仲裁　　　　　　　　D. 诉讼

（　　） 2. 下列各项中,符合我国《仲裁法》规定,可以申请仲裁解决的是 _____。

    A. 甲某与村民委员会签订的土地承包合同纠纷

    B. 甲、乙两企业间的货物买卖合同纠纷

    C. 甲、乙两人的继承遗产纠纷

    D. 甲、乙两对夫妇间的收养合同纠纷

（　　） 3. 下列选项不属于民事诉讼审判制度的是 _____。

    A. 合议制度　　　　　　　　　　　　　　B. 公开审判制度

    C. 两审终审制度　　　　　　　　　　　　D. 一审终局制度

（　　） 4. 甲于 2016 年 3 月 20 日将小件包裹寄乙处保管。3 月 22 日,该包裹被盗。3 月 27 日,甲取包裹时得知包裹被盗。根据《民法通则》的规定,甲要求乙赔偿损失的诉讼时效期间届满日是 _____。

    A. 2017 年 3 月 22 日　　　　　　　　　　B. 2017 年 3 月 27 日

    C. 2018 年 3 月 22 日　　　　　　　　　　D. 2018 年 3 月 27 日

（　　） 5. 甲、乙在 X 地签订合同,将甲在 Y 地的一栋房产出租给乙。后因乙未按期支付租金,双方发生争议。甲到乙住所地人民法院起诉后,又到 Y 地人民法院起诉。Y 地人民法院于 3 月 5 日予以立案,乙住所地人民法院于 3 月 8 日予以立案。根据民事诉讼法律制度的规定,该案件的管辖法院应当是 _____。

    A. 甲住所地人民法院　　　　　　　　　　B. 乙住所地人民法院

    C. X 地人民法院　　　　　　　　　　　　D. Y 地人民法院

( 　　) 6. 下列选项所列法的形式中,由国家最高权力机关制定,规定国家基本制度和根本任务,具有最高法律效力,属于国家根本大法的是 _____ 。

    A.《中华人民共和国宪法》        B.《中华人民共和国民法通则》

    C.《中华人民共和国刑法》        D.《中华人民共和国物权法》

( 　　) 7. 根据《民事诉讼法》的规定,经济纠纷案件地域管辖的一般原则是 _____ 。

    A. 被告就原告              B. 原告就被告

    C. 被告就第三人           D. 第三人就被告

( 　　) 8. 根据我国仲裁法的规定,下列选项中关于仲裁机构组织性质的表述哪些是正确的? _____

    A. 属民间性组织,独立行政机关,仲裁委员会相互之间也无隶属关系

    B. 属带有行政性的组织,隶属于各省、市、自治区的法制局

    C. 属民间性质,行政上不隶属于任何行政机关,但仲裁委员会秘书处的日常工作人员隶属于有关的行政机关

    D. 属民间性质组织,但各省、直辖市、自治区中设区的市所设立的仲裁机构,与省、直辖市、自治区所设立的仲裁机构有隶属关系

( 　　) 9. 在一份被双方当事人终止了的合同中,设有仲裁条款,现甲方据此向仲裁机关申请仲裁,以解决双方的争议;乙方向仲裁委员会提出异议,认为该仲裁条款随着合同的终止而失去效力;甲方则向法院提出申请,要求法院对该仲裁条款的效力予以裁定。现问:在此种情况下,该仲裁条款的法律效力如何?

    A. 自然终止              B. 自然有效

    C. 由仲裁委员会认定        D. 由人民法院裁定

( 　　)10. 法院审理民事纠纷案件程序中的基础程序是 _____ 。

    A. 普通程序              B. 简易程序

    C. 特别程序              D. 审判监督程序

## 三、多项选择题(请将 2 个或 2 个以上的答案填入对应的括号内)

( 　　) 1. 我国《仲裁法》适用于 _____ 。

    A. 合同纠纷              B. 收养、抚养纠纷

    C. 婚姻、继承纠纷         D. 劳动争议和行政纠纷

    E. 其他财产权益纠纷

( 　　) 2. 下列选项属于仲裁法的基本原则的有 _____ 。

    A. 协议仲裁              B. 自愿

    C. 不公开审理          D. 独立仲裁

    E. 一裁终局

( 　　) 3. 下列选项属于仲裁法的基本制度的有 _____ 。

    A. 协议仲裁              B. 自愿

    C. 不公开审理          D. 独立仲裁

    E. 一裁终局

( 　　) 4. 仲裁员有下列 _____ 情形之一的,必须回避。

A. 与本案有利害关系        B. 当事人的近亲属

C. 与当事人或代理人有其他关系的    D. 代理人的近亲属

( )  5. 不公开审理制度包括以下选项 _____。

A. 绝大多数案件的仲裁不公开进行    B. 当事人可协议公开

C. 当事人可协议不公开    D. 涉及国家秘密的案件,不公开仲裁

( )  6. 下列哪些人可以担任仲裁员? _____

A. 在某律师事务所担任律师 7 年的人

B. 在法院工作了 10 年的审判员

C. 某高校的法律系教授

D. 法学硕士

( )  7. A 市仲裁委员会为适应逐年增长的案件审理的要求,决定增加仲裁员数量,该仲裁委员会可以聘请公道正派的下列 _____ 担任仲裁员。

A. 在某法学研究所从事法学研究多年的张研究员

B. 在某大学经济系从事对外贸易专业教学的法律爱好者陈教授

C. 在某高级人民法院从事了 17 年经济审判工作的蔡庭长

D. 从事律师工作 12 年并任某律师事务所主任的王律师

( )  8. 因下列 _____ 民事纠纷引发的争议,其诉讼时效为 1 年。

A. 拖欠房屋租金

B. 寄存物被毁损

C. 没有经过声明出售质量不合格的商品造成他人人身损害的

D. 拖欠承揽劳务费用

( )  9. 根据我国《仲裁法》的规定,下面所列 _____ 纠纷即使当事人有仲裁协议,仲裁委员会也不予受理。

A. 张某与李某因继承发生的争议

B. 吴某的生父母与养父母就是否解除收养关系发生的争议

C. 乐康食品厂经理解除了销售科科长李某的职务,李某不服,与食品厂发生了争议

D. 甲乙两公司因买卖合同产品质量问题发生的争议

( )  10. 大地公司与天宇公司因合同履行发生纠纷,大地公司依据仲裁协议提请仲裁,仲裁委员会依法作出仲裁裁决。下列有关该仲裁裁决的说法错误的是 _____。

A. 当事人协议不愿写明争议事实和裁决理由的,可以不写

B. 对裁决持不同意见的仲裁员刘某在裁决书上可以不签名

C. 仲裁庭仲裁纠纷时,其中一部分事实已经清楚,可以就该部分先行裁决

D. 仲裁庭五名仲裁员中有四名仲裁员认为应当裁决天宇公司承担违约责任,而首席仲裁员则坚持认为天宇公司不应当承担责任,则应当按照首席仲裁员的意见作出仲裁裁决

## 四、案例分析题

1. 某一合同纠纷交由仲裁委员会仲裁。仲裁庭首席仲裁员认为合同存在重大误解,应撤销;其他两名仲裁员则认为合同不存在重大误解,应当继续履行合同。

请 问：

本案应当如何作出裁决？

2. 新科医学研究所与华容投资公司签订一份联合开发磁疗设备的合同,后因华容投资公司出资不到位,导致该磁疗设备的研究工作停顿,使新科医学研究所的先期投入无法产生预期的效益。新科医学研究所根据合同中的仲裁条款向甲仲裁委员会申请仲裁,甲仲裁委员会对该争议作出仲裁裁决后,华容投资公司不服决定向人民法院起诉。

请 问：

人民法院是否受理？为什么？

3. 深圳天行实业公司与天津联云化工建材公司购销合同纠纷仲裁过程中,申请人要求财产保全,即冻结被申请人银行存款 55 万元或扣押、查封其等值财产。

请 问：

仲裁委员会对此申请应如何处理？为什么？

4. 张某从某地购进了属国家一级保护的珍稀动物的皮革 250 张,打算转卖给王某,双方用手机约定于 10 月 10 日在王某的家中交货。按事先约定的时间和地点,由张某乘坐马某的出租面包车将货物运到王某家中,但并未告知马某所运何物。当张某叫马某从车上卸货时,马某才发现此货物属于国家一级保护动物的皮革,于是表明自己不参与此事的立场。在张某刚将货物搬下车时,公安人员突然出现在现场,并将张某、王某和马某三人一起抓获,同时扣押了面包车和张某的手机。经讯问,张某和王某分别供述了贩卖珍稀动物皮革的事实,马某也将本人运送货物的情况做了陈述。

请 问：

本案中,公安人员调查收集到了哪些种类的法定证据？理由何在？

## 五、实训题

**实训一：**

按照我国仲裁法规定,当事人之间发生合同纠纷、继承纠纷和其他财产权益纠纷,无论是否有仲裁协议,一方均可向被申请人所在地的仲裁委员会申请仲裁。裁决应当按照仲裁庭多数仲裁员的意见作出,仲裁庭不能形成多数意见时,报仲裁委员会决定。当事人对裁决不服的,可以上诉。裁决发生法律效力后,任何单位无权撤销。一方不履行的,另一方可以向作出此裁决的仲裁委员会申请执行。

**请回答:**

找出上面表述中存在的七项法律错误,并逐一简要说明理由。

**实训二：**

张三于 2017 年 5 月借给李四人民币 2 万元,但是因为张三与李四是好朋友就没要求李四立借据。还款期已过多时,李四仍然不向张三偿还该借款。张三欲起诉李四,但因没有证据就没有起诉。张三非常愤恨,于是在李四的房间里偷偷地安放了一台窃听器,录下了李四对其妻子谈到了他曾向张三借了人民币 2 万元的话语。于是,2018 年 2 月,张三提起诉讼,请求李四偿还 2 万元的借款,并向法院提供了该证据。

**请 问:**

(1)法院审查核实该证据是张三通过窃听取得的,没有采纳该证据。法院的做法是否合法?

(2)在案件审理过程中,李四承认自己于 2017 年 5 月向张三借了人民币 2 万元,法院可否根据李四的承认作出张三胜诉的判决?为什么?

**实训三：**

王甲将房屋四间卖给刘某,但刘某迟迟不付款。为此,王甲诉至法院要求刘某付款并付违约金。在诉讼中,王甲之弟王乙得知,向法院说明这四间房屋中有两间是他的,要求确认并请求返还房屋。

**请分析：**

如何确定本案诉讼参与人的地位?

# 六、复习思考题

1. 仲裁有哪些特征?

2. 仲裁的基本制度有哪些?

3. 如何组成仲裁庭?

4. 简述仲裁员的资格。

5. 审判监督程序与二审程序有何区别?